i

미·중 경쟁시대와 한국의 대응
국격있는 외교안보전략

도서출판 윤성사 122

미·중 경쟁시대와 한국의 대응
국격있는 외교안보전략

초판 1쇄 2021년 10월 15일

지 은 이	진창수, 조윤영, 강준영, 공유식, 김민석, 박원곤, 박홍도, 이상준, 차두현, 홍석훈
펴 낸 이	정재훈
펴 낸 곳	도서출판 윤성사
주 소	서울특별시 서대문구 서소문로 27, 충정리시온 제지층 제비116호
전 화	대표번호_02)313-3814 / 영업부_02)313-3813 / 팩스_02)313-3812
전자우편	yspublish@daum.net
등 록	2017. 1. 23

ISBN 979-11-91503-33-3 (03350)

값 12,000원

ⓒ 진창수·조윤영 외, 2021

저자와의 협의에 따라 인지를 생략합니다.

이 책의 전부 또는 일부 내용을 재사용하려면 반드시 사전에 저작권자와 도서출판 윤성사의 동의를 받아야 합니다.

잘못 만들어진 책은 구입하신 서점에서 교환 가능합니다.

미·중 경쟁시대와 한국의 대응

국격있는 외교안보전략

진창수·조윤영·강준영·공유식·김민석
박원곤·박홍도·이상준·차두현·홍석훈

머리말

국격있는
외교안보전략

 이 책을 쓴 목적은 문재인 정부의 외교정책 실패를 지적하면서 한국 외교정책의 올바른 방향을 제시하는 것이다. 문 정부는 미·중 전략 경쟁이 심화되는 가운데에도 남북 관계에만 몰입해 국제 관계의 변화에는 둔감했다. 국제 관계의 변화는 기존의 국제 질서를 뒤흔드는 트럼프 미국 대통령의 등장으로 제1막이 시작됐다. 제2막은 미·중 경제전쟁의 격화로 인한 국제 관계의 균열이었다. 최근 코로나 사태를 계기로 국제 관계의 관리 부재와 동반 추락이라는 제3막이 현실화되고 있다. 마치 제1차 세계대전이 발발하기 직전의 무질서와 마찬가지다. 그 결과 동아시아의 안전보장 질서는 붕괴되면서 지금까지와는 다른 현상이 나타났다. 기존의 미국과 중국이 협력하던 동아시아의 '키신저 체제'가 기능을 하지 못하면서 동아시아 질서는 불투명하고 불안전한 상태가 됐다. 이로 인해 한국의 외교안보 환경도 악화돼 북한의 핵무장 지속, 사드 문제로 인한 한·중 관계의 악화, 한·미·일 안보 협력의 약화, 독도 부근 러시아 군항기의 침범, 홍콩 사태, 동아시아 해양의 군사적 갈등, 그리고 대만 리스크 등으로 이어졌다. 그럼에도 불구하고 문 정부는 남북 관계에 몰두해 국제 관계에서 한국이 목소리를 높여야 할 부분에서는 침묵하는 경향이 있었다. 게다가 미·중 전략 경쟁 속에서도 문 정부는 이전처럼 중국을 '시장'으로만 생각하거나 북한 문제를 해결하는 데 '협력자'로만 바라보면서 중국의 위험을 관리하는 데 실패하고 있다. 반면 민주주의 국가들이 단결하고 통일된 방침을 내는 인권 문제 등에서도 동참하지 않는 상황마저 발생했다. 한국이야말로 국제 관계에서 시장경제와 자유민주주의의 원칙을 고수하는 자세가 필요함에도 불구하고 문 정부는 이런 상황에는 주저했다. 문 정부의 외교는 한·미 동맹의 이완, 한·중 관계 갈등의 지속, 한·일 관계 악화, 그리고 동아시아 안보 질서(쿼드, 해양 갈등 등)에는 침묵 등으로 국제 관계 변화에 대응하지 못하고 있다. 총체적 위기 상황이라고 해도 과언이 아니다.

격화되는 미·중 전략 경쟁과 국제 관계의 근본적 변화에 대한 대응에 태만해서는 안 되는 이유는 우리의 미래와 밀접한 연관이 있기 때문이다. 미래의 동아시아 질서는 미국의 인도-태평양 전략 대 중국의 일대일로 간 대결 양상이 더욱더 심화될 전망이다. 인도-태평양 전략의 핵심은 '자유롭고 개방된(free and open)' 인도-태평양을 유지하기 위해 미국은 경제, 안보, 거버넌스에서 새로운 전략틀을 마련했다. 인도-태평양 전략의 견제 대상이 중국이라는 것은 잘 알려진 사실이다. 2019년 샹그릴라 안보대화에서 섀너핸(Patrick Shanahan) 국방장관 대행은 "인도-태평양은 미국의 최우선 전장"이라면서 미국의 동맹과 파트너 국가들이 안보를 강화하기 위해 각자의 역할을 해 줄 것을 당부했다. 더욱이 바이든 행정부는 미국의 동맹국들이 방위비 분담이라는 금전적 기여 외에도 임무와 책임의 분담까지 짊어져야 한다는 것을 암시하고 있다. 한국이 미·중 사이의 기계적인 중립이나 미·중 모두에 협력해야 하는 논리는 더 이상 통하지 않게 됐다. 중국도 미국과 마찬가지로 주변국에 '줄세우기'를 강요하기 때문이다. 게다가 코로나19 이후 국제 관계는 미·중의 대립과 국제 관계의 관리 부재로 더 많은 혼란과 불투명성이 나타날 수 있다. 지금 이상으로 국제 관계에서 자국우선주의와 강권적 정치가 횡행할 것 같아 우려를 금치 않을 수 없다.

향후 국제 관계의 변화는 한국의 미래 운명을 좌우할 정도로 한국에 중대한 시련을 안겨줄 것이다. 그러나 지금의 외교정책 방향은 국내적 진영 논리를 벗어나지 못하는 것이 안타까운 현실이다. 국제 정치의 근본적 변화에 관심을 두면서 한국이 생존해 갈 해법을 제시해야 할 시점이다. 국제 질서의 냉엄한 현실에서 필요한 것은 이념적

편중을 넘어선 실질적이고 유연한 전략적 태도다.

이 책은 한국 외교정책의 정체성(identity)을 재확립하고, 기존 편견에서 탈피하기 위해 다양한 전문가들이 함께 고민한 작업의 산물이다. 저자들은 상위의 '대전략(grand strategy)'의 기본틀을 함께 공유하면서 기존 진영 논리의 인식 편향을 극복하고, 중도 지향의 '자주적 보수', '평화 지향적 보수'의 이미지를 부각하는 데 많은 관심을 뒀다. 또한 미래 한국이 나아가야 할 방향에 대한 목표 의식을 바탕으로 외교·안보 분야 정책과제를 발굴하고자 했다. 이에 따라 이 책에서는 한국의 외교정책이 균형감 있는 남북 관계, 자주적 한·미 동맹, 전략적 대중 관계, 미래 지향적 한·일 관계를 위한 유연하면서도 당당한 외교 자세를 제안한다.

이 책은 전체 2부로 구성돼 있다.

1부는 "미·중 충돌과 동아시아"라는 제목으로 미·중 간 전략 경쟁의 실태 및 전망을 살펴보면서 동아시아 질서에 미치는 영향을 중점적으로 다뤘다.

첫 글인 "미·중 전략 경쟁과 한국의 선택"에서는 미·중 갈등을 미국과 중국의 전략과 정책을 중심으로 분석했다. 미·중 전략 경쟁은 기술 분야의 경쟁이 첨예화되고 전면적 이념 대결로 변화할 것이라고 예측한다. 따라서 한국이 유지해야 할 기본적인 대외전략의 가치와 목표는 시장경제와 자유민주주의 국제 질서가 복원돼야 한다고 강조한다. 적극적이고 능동적으로 미·중 갈등에 대응하기 위해서는 미국이 기술과 경제 분야에서의 새로운 표준과 규범을 선도하는 작업에 동참할 것을 제언한다. 그리고 정책적 선택은 신중하지만 실기하지 않아야 한다는 점을 강조하고 있다.

"미·중 충돌과 동아시아 해양안보"에서는 미·중 충돌이 동아시아 해양안보에 미친 영향을 살펴봤다. 인도-태평양은 현재 미·중의 전략 경쟁이 가장 치열하게 전개되는 지역이며, 군사적 충돌의 가능성도 가장 높은 곳이다. 중국의 해양 팽창전략은 중·러·북의 범공산주의 연대로 나아갈 것이며, 이에 따른 동아시아 해양안보 위기는 지속될 것으로 전망하고 있다. 이를 대비하기 위한 안보전략으로서는 우선 한·미정상회담 공동성명에서 합의한 '규범에 기반한 국제 질서'를 유지하기 위한 구체적 정책과 행동이 필요하다. 그리고 쿼드(QUAD, Quadrilateral Security Dialogue: 미국·인도·일본·호주 등 4개국이 참여하는 비공식 안보협의체)에 참여하는 것도 한국의 안보를 위해서는 필요하다. 군사적으로는 항공모함과 같은 해군력 확충, 정찰위성과 무인정찰기 확보를 통해 적극적 해양전략을 실현해야 한다. 잠재적 적에 대비한 미사일 능력을 확충하면서 중·북의 미사일 위협에 한·미·일이 함께 대비해야 한다는 것을 주장한다.

"미·중 충돌과 양안 관계"에서는 최근 미·중의 군사적 충돌 가능성이 가장 높은 양안 관계를 분석했다. 양안 관계는 미·중 전략 경쟁 속에서 동아시아의 역학 관계를 좌우할 만큼 전략적 요충지역이다. 양안 관계는 미·중 갈등의 정도가 가장 큰 변수이지만 중국과 대만의 국내 정치 구조 변화도 영향을 미친다. 향후 대만해협에 문제가 생길 경우 한국은 매우 어려운 선택에 직면할 것이라고 전망한다. 이를 대비하기 위해 한국은 비평화적 수단에 의한 분쟁 반대 및 대화로 해결해야 한다는 기본 원칙을 선제적으로 천명해야 한다. 그리고 한국의 국익을 검토한 후 우리의 행동준칙을 정할 것을 권고하고 있다.

"인권: 미·중 충돌의 새로운 전장"에서는 바이든(Joseph R. Biden Jr.) 정부에서 중시하는 인권 문제를 미·중 충돌의 관점에서 설명했다. 인권 문제는 중국 체제의 아킬레스건이며 미·중 간 인권을 둘러싼 공방은 더욱더 치열하게 전개될 예정이다. 미국이 인권 유린 국가들과의 거래에 대해 '세컨더리 보이콧' 적용 등의 문제를 제기하면서 '인권 외교'가 단순한 외교적 수사를 넘어 상당히 복잡한 고차방정식이 됐다. 미·중 전략 경쟁에서 전개되는 '인권 외교'는 사실상 체제 특성을 겨냥한 갈등이라는 측면에서 한국에도 딜레마를 안겨줄 것으로 전망한다. 즉, 북한의 인권 문제와 함께 중국 내 인권 문제에 대한 대응 수위를 어떻게 결정해야 할 것인지는 한국 외교의 숙제가 되고 있다. 앞으로 인권 문제에 대한 심각한 고려가 있어야 한다는 점을 제기하고 있다.

2부에서는 한국의 외교안보전략을 다룬다. 구체적으로는 양자 관계를 중심으로 미·중·일·러 정책, 대북 정책 방향, 그리고 우리의 외교안보 정책 수행 체계를 살펴봤다.

"미·중 전략 경쟁 속의 한·미 동맹"에서 저자는 수사 속에 감춰진 한·미 동맹의 문제점을 지적하면서 한·미 간에는 여전히 '신뢰'의 회복 문제가 남아 있다고 주장한다. 중국의 눈치를 살핀 나머지 한·미 간 약속을 지키지 못하는 외교적 행동을 해서는 안 된다는 것을 경고한다. 그리고 한국 외교의 위험성은 미·중 관계의 연루보다는 미·중 양자 모두로부터 '방기'되는 것이라고 강조한다. 따라서 한·미 공동성명을 실천하기 위한 우리의 비전과 구체적 방안을 준비해야 한다. 이를 위해서는 한·미 동맹이 '쇼윈도 동맹'이 되는 상황을 방지하기 위한 노력에서 시작돼야 한다. 시급한 과제로는 한·미 간의 공통 위협 인식 재정립, 대북 몰입주의 탈피, 한반도를 벗어난 동맹의 역학과 임무에 대한 적극적인 고려, 한·미 간 이견에 대한 적절한 갈등관리 등을 제시한다. 게다가 저자는 미국에만 편향된 '자주' 관련 발언이나 한·미 연합훈련 등을 거래 대상으로 삼지 말아야 한다고 제언한다.

"전시작전통제권 전환: 한·미의 동상이몽"에서는 전시작전통제권 문제를 다룬다. 전작권은 정치적 고려를 배제하고 '조건에 기초한' 전환이 이뤄져야 하며, 미·중 갈등과 북한의 핵능력, 미국의 인도-태평양 전략 등을 복합적으로 고려해야 한다.

"한·중 관계, 정상적 관계를 위한 인식의 전환"에서는 한·중 관계 개선을 위한 제언을 하고 있다. 한·중 관계 정상화를 위해서는 한국의 인식 전환이 필요하다는 점을 지적한다. 특히 대중국 관계에서 우리가 해야 할 일들을 다층적으로 제시하고 있다. 첫째, 한국이 한·중 관계에서 전략적 공간을 확보하기 위해서는 미국과 자유민주주의를 신봉하는 한국이 공감대를 확보해야 한다. 이를 확보하지 못하면 대중 정책에서 우리의 정체성이 훼손될 위험성이 있고, 중국의 의도대로 끌려다닐 수 있다는 것을 경고한다. 둘째, 사안별 대응 전략 수립이 필요하다. 한·중 간에는 이미 다양하고 많은 협정이 체결돼 있다. 한·중 관계는 협정대로 문제 해결을 진행해야 하며, 중국 입장을 지나치게 고려하면 협상의 주도권을 쥘 수 없다고 지적한다. 셋째, 중국에 대한 막연한 기대를 '합리적 기대'로 바꾸는 질적 변화를 도모해야 할 것을 강조한다.

"중국의 역사·문화 빼앗기, 신동북공정인가?"에서는 최근 문제가 되고 있는 중국의 역사·문화 빼앗기를 다룬다. 중국이 취하고 있는 역사·문화 찬탈의 문제점과 그 배경을 분석했다. 이를 통해 한국은 '우리 스스로의 역사·문화 의식을 다지는 것이 더욱 시급'해졌다고 강조한다.

"한·일 관계: 과거사는 관리, 이익은 확대, 전략은 공유해야"에서는 정부의 한·일 관계와 정책에 대해 다루면서 앞으로의 해법을 제시한다. 문 정부의 방치에 가까운 대일 정책으로 인해 한·일 관계에서는 피해자와 가해자의 역전 현상이 일어났다. 가해자인 일본이 한국에 약속을 지키라고 요구하는 상황에서 일본의 사죄와 반성은 실종됐다. 게다가 문 정부는 미·중 전략 경쟁 속에서도 국익보다는 일본과의 과거사 프레임에 매몰되는 우를 범했다. 앞으로 한·일 관계의 안정적 기반을 마련하기 위해서라도 과거사는 관리하며, 이익은 확대하고, 전략은 공유해야 한다고 강조한다. 이를 위해 우선 문재인 정부는 배타적 민족주의 정서에서 벗어나 투트랙 접근(과거사와 경제·안보 협력의 분리)을 실천해야 한다. 그리고 과거사 문제를 풀기 위한 단계적이고 포괄적인 해법을 제시하고 있다.

"한·일 간 군사정보보호협정(GSOMIA) 갈등"에서는 한·일 군사보호협정을 다루면서 앞으로 한·미·일 협력의 실효성을 위해서라도 한·일 지소미아 협력은 필요하다고 주장한다. 북한의 핵능력과 미사일 고도화 등 군사적 위협에 대한 대응은 물론 역내 안정 등에서 한·일 지소미아 협력이 근간이 될 수 있다고 강조한다.

"한·러 관계의 현황과 전망"에서는 한·러 관계의 현황과 전망을 살펴본다. 한국의 대러 정책은 한·미 동맹이라는 외교안보 구조하에 설정되는 구조적 한계가 있었다.

러시아의 전략적 가치를 재인식하기 위해서는 첫째, 한·러 정상회담 정례화 등을 통해 전략적 동반자 관계를 내실화해야 한다. 둘째, 대러 공공외교를 강화해야 한다. 셋째, 환동해 등 소다자 협력을 다차원적으로 구축해 나갈 필요가 있다. 넷째, 기존의 인프라 중심에서 벗어나 첨단기술 중심의 협력 방안과 한반도-러시아 극동을 연결하는 산업생태계 구축에 관심을 가질 것을 제언한다.

"북극 개발 참여 방법의 모색"에서는 북극 개발 참여에 대해 다룬다. 북극권의 중요성과 북극 개발의 핵심 국가로서의 러시아 가치와 전략을 분석하고 북극 개발 참여를 위한 방안을 제시하고 있다.

"새로운 남북 관계: 한반도 안보·평화 균형전략"에서는 새로운 남북 관계를 위한 제언을 한다. 문 정부의 평화 일변도 대북 정책에도 불구하고 남북 관계 개선은 고사하고 무력 충돌이 걱정되는 상황이라고 판단한다. 게다가 북한은 핵을 포기하기는커녕 2020년대 말쯤에는 현 중국 수준의 핵무기를 보유해 실질적 공격 위협으로 가시화될 것으로 전망한다. 남북 관계를 새롭게 변화시키기 위해 우선 대북 정책은 소극적 평화론에 치우친 사고로부터 탈피해서 비핵 평화 원칙과 당근의 채찍의 강온 병행 전략을 전개해야 한다. 이와 함께 북한 미사일 방어에 필요한 한·미 정보자산의 통합, 미국 전술핵무기의 한반도에서의 공동 운영, 그리고 미 전술핵의 한반도·일본·동해 등에 상시 배치 등의 필요성도 제기하고 있다. 저자는 북한 핵 위협에 대한 한국의 방안으로서 한·미가 공동으로 미사일 방어 시스템을 구축하는 한·미 공조형 핵균형 정책을 제시하고 있다.

"북한 핵 프로그램: 전개와 전략적 해결 방안"에서는 북한 핵 프로그램을 다룬다. 북한의 핵문제가 합리적으로 해결되기 위해서는 남북 관계 진전만으로는 한계가 있다. 국제 사회의 도움이 절실하다고 보면서 6자 회담의 재조명과 국제 사회 협력의 필요성을 강조한다.

마지막으로 "외교안보정책 수행 체계: 전문성·자율성 강화로 리더십 리스크 최소화"에서는 우리 외교안보정책 수행 체계를 다룬다. 현재 외교안보정책은 최고지도자의 비전문가적 리더십에 따른 리스크가 증폭되고, 국내 정치적인 이해와 진영 논리에 매몰되고 있다고 진단한다. 그 결과 국가안보의 중장기적 도전 요인에 대한 대비는 물론 현안에 대한 대응에서도 커다란 문제를 드러내고 있다고 지적한다. 이를 개선하기 위해서는 국가안전보장회의(NSC)를 외교안보에 공동 책임을 지는 협의체로의 격상을 통해 리더십 리스크를 최소화해야 한다. 중장기 정책 입안을 위한 '장기 정보 예측기구'를 운영하며, 외교안보 부처의 개방형·전문가형 인사 시스템을 도입해야 한다. 또한 초당적인 국가안보정책 논의 구조를 창설해 국가안보에 대한 국민 공감대 형성 노력을 강화해야 한다고 제언하고 있다.

이 책은 2021년 2월 문화일보에서 5차례 외교안보정책 특집(제1회 미국: 차두현, 제2회 중국: 강준영, 제3회 일본: 진창수, 제4회 북한: 조윤영, 제5회 전문가 좌담회)을 연재하면서 기획됐다. 도움을 주신 문화일보 유병곤 정치부장과 외교안보팀 기자분들에게 감사를 드린다.

이 책의 주장을 다듬기 위해 수차례의 세미나를 진행했고, 각 분야별 전문가들이 참여해 많은 도움을 줬다. 여기에 참석해 도움을 주신 최강 아산정책연구원 부원장, 한석희 연세대 교수, 하태원 채널A 선임기자, 신범철 경제사회연구원 외교안보센터장, 우정엽 세종연구소 연구위원에게 감사를 드린다. 그리고 이 책을 발간할 수 있도록 편집과 진행에 많은 노력을 해 주신 조윤영 교수와 박홍도 박사에게도 감사를 드린다. 이 책이 조금이나마 한국 외교정책의 미래를 여는 데 일조를 했으면 하는 바람이다.

2021년 9월
진창수

목차

제Ⅰ부 미·중 충돌과 동아시아

미·중 전략 경쟁과 한국의 선택 박원곤[19]

Ⅰ. 미·중 갈등에 대한 이해 p.19
Ⅱ. 미국의 '더 나은 세계 재건' 대(對) 중국의 '일대일로' p.26
Ⅲ. 미·중 관계 전망과 한국의 선택 p.28

미·중 충돌과 동아시아 해양안보 김민석[31]

Ⅰ. 중국의 해양굴기 실상 p.31
Ⅱ. 미국의 아태전략과 군사력 전개 동향 p.36
Ⅲ. 해양안보 강화를 위한 제언 p.45

미·중 충돌과 양안 관계 공유식[48]

Ⅰ. 양안 관계의 변화 p.48
Ⅱ. 미국의 대만 정책 변화: 전략적 모호성에서 전략적 명확성으로 p.50
Ⅲ. 중국의 대만에 대한 압박: 강온 양동작전 p.51
Ⅳ. 대만의 딜레마: 미국에 올인? 헤지? p.54
Ⅴ. 양안 관계의 전망과 한반도 관계에 대한 시사점 p.56

인권: 미·중 충돌의 새로운 전장 차두현[59]

Ⅰ. 현황 p.59
Ⅱ. 더욱 뜨거워질 인권 논쟁 p.60
Ⅲ. '인권 외교'와 '글로벌 코리아' 딜레마 p.65

제II부 한국의 외교안보전략: 현상과 제언

미·중 전략 경쟁 속의 한·미 동맹   차두현[69]

    I. 한·미 동맹, 표정 관리 속의 '회색 코뿔소'   p.69

    II. 한·미 정상회담과 일시적 봉합   p.73

    III. 오히려 더욱 뚜렷해진 숙제   p.74

전시작전통제권 전환: 한·미의 동상이몽   박원곤[80]

    I. 문재인 정부의 전작권 전환 추진 현황   p.80

    II. 전작권 전환시 고려해야 할 사안   p.81

    III. 제언: 한국의 선택   p.84

한·중 관계, 정상적 관계를 위한 인식의 전환   강준영[86]

    I. 한·중 관계, 무엇이 문제인가?   p.86

    II. 한·중 관계의 다층 구조   p.88

    III. 한·중 관계의 정상화를 위한 인식의 전환   p.91

    IV. 우리가 해야 할 일들   p.93

중국의 역사·문화 빼앗기, 신동북공정인가?   강준영[97]

    I. 중국의 역사·문화 찬탈, 무엇이 문제인가?   p.97

    II. 신(新)중화주의 문명사관의 대두인가?   p.99

    III. 중국의 역사·문화 찬탈 의도는?   p.101

    IV. 우리는 무엇을 해야 하나?   p.103

한·일 관계: 과거사는 관리, 이익은 확대, 전략은 공유해야   진창수[105]

    Ⅰ. 한·일 관계의 현주소   p.106
    Ⅱ. 문재인 정부의 대일 정책 문제점   p.107
    Ⅲ. 한·일 관계는 내셔널리즘, 포퓰리즘의 악순환   p.109
    Ⅳ. 한·일 관계의 변화 요인   p.112
    Ⅴ. 대일 정책의 방향   p.113

한·일 간 군사정보보호협정(GSOMIA) 갈등   진창수[116]

    Ⅰ. 지소미아의 의의와 한계   p.116
    Ⅱ. 한·일 간 지소미아 갈등과 협력의 필요성   p.117

한·러 관계의 현황과 전망   이상준[121]

    Ⅰ. 한국의 대러 정책 현황과 문제점   p.121
    Ⅱ. 러시아의 전략적 가치   p.128
    Ⅲ. 대러 외교전략 및 정책 방향   p.132

북극 개발 참여 방법의 모색   이상준[135]

    Ⅰ. 북극권의 중요성   p.135
    Ⅱ. 북극 개발의 핵심 국가 러시아   p.137
    Ⅲ. 북극 개발 참여를 위한 제언   p.139

새로운 남북한 관계: 한반도 안보·평화 균형전략   조윤영[142]

Ⅰ. 한반도 정세의 지속과 변화   p.142
Ⅱ. 남북한 관계의 진단   p.147
Ⅲ. 한반도 안보·평화의 균형을 위한 정책 구상   p.154

북한 핵 프로그램 전개와 전략적 해결 방안 모색   홍석훈[159]

Ⅰ. 북한 핵 개발의 배경과 현황   p.159
Ⅱ. 북한 핵협상 패턴과 특징   p.164
Ⅲ. 북핵 폐기를 위한 전략적 접근법   p.167

외교안보정책 수행 체계: 전문성·자율성 강화로 리더십 리스크 최소화   박홍도[169]

Ⅰ. '유능한 선장'이 보이지 않는 외교안보정책   p.169
Ⅱ. 과도한 정치화와 국민의 관심 저하로 활력을 잃어가는 외교안보 조직   p.173
Ⅲ. 한국 외교의 정상화를 위한 체계 및 운영상의 우선 과제   p.177

제 I 부

미·중 충돌과 동아시아

미·중 경쟁시대와 한국의 대응
국격있는 외교안보전략

미·중 전략 경쟁과 한국의 선택*

박원곤

Ⅰ. 미·중 갈등에 대한 이해

미·중 관계는 지난 10여 년간의 변화 끝에 본격적 대결 국면으로 진입했다. 미국 내에서 평화적 관여를 통해 중국을 변화시켜 미국 주도의 세계를 유지하는 '키신저 질서(Kissinger Order)'는 설득력을 잃고 있다. 반면 전략 경쟁을 본격화해서 중국을 강제로 복종시켜야 한다는 '선교 이상주의'가 득세한다. 더불어 시진핑(習近平)의 중국도 '중국의 꿈(中國夢)'으로 국가의 정체성을 규정했다. 지난 100년의 치욕적 역사를 뒤로하고 다시금 세계의 중심에 서는 화려한 '귀환'을 알린다. 미·중 관계를 일방이 붕괴해야 끝나는 냉전식 이

---

* 이 글은 박원곤, "미국의 대중정책과 바이든의 등장: 연속과 변화의 이중 교합," 『전략연구』 28(2), 2021.07와 박원곤, "참여국 빚더미로 모는 일대일로…美, 투명 지원으로 中 약점 공략"[인사이드&인사이트] 『동아일보』, 2021.06.16. 내용 일부를 발췌한 것이다.

데올로기 갈등이나 문명충돌론으로 치환하는 목소리도 미·중 양국 모두에서 들린다.

1. 오바마의 관여적 위험 분산

'중국의 부상(浮上)' 논의가 본격화된 것은 2008년 미국이 경험한 금융 위기와 맞물려 있다. 미국 주도의 자유주의적 국제 질서에 대한 회의가 난무하면서 중국의 경제 성장에 따른 대응 논의도 가속화됐다. 중국 중심의 세계가 도래할 것이라는 도발적 예상이 제기됐고, 중국을 경계하는 목소리가 한층 강화됐으나 당시 오바마(Barack H. Obama) 행정부는 관여를 통한 '체제 내 경쟁'을 선택했다. 경제·군사·가치의 수단을 통해 중국을 제도권 내로 결박해 미국 주도의 국제 질서에 순응하는 '책임 있는 이해상관자'로 만들고자 했다. 오바마 행정부는 중국과의 경제적 상호 의존이 심화해 탈동조화가 불가능하다는 전제를 공유했다. 군사적으로도 핵보유국의 '상호 확증 파괴'로 억제가 가능하다고 판단했다. 오바마 행정부는 경쟁적 '재균형'을 전략명으로 채택했으나, 실상은 압박하되 지속적인 '관여'를 통해 중국을 국제기구, 국제 규범 등으로 묶어 종국에는 중국 권위주의 체제의 자유주의적 변화를 바랐다. '관여적 위험 분산'을 택한 것이다.

그러나 오바마 행정부의 관여 정책은 시진핑 체제의 출범, 트럼프의 등장과 함께 소멸해 갔다. 2012년 집권한 시진핑은 2020년까지 전면적 샤오캉 사회(小康社會) 실현, 2035년까지 사회주의 현대화 강국의 기본적 실현, 2050년에는 사회주의 현대화 강국의 전면적 실현을 공약한다. 더불어 2025년까지 글로벌 제조 강국 대열에 진입하고 2035년까지 제조 강국으로 부상하며,

2045년에는 세계 시장을 선도하는 1등 국가가 된다는 '중국제조 2025'도 소개했다. 군사전략 측면에서도 도련선(島鏈線, island chain: 방어선)을 확장해 인도양 방향으로 진출하는 진주목걸이 전략을 구사한다. 기존 반접근/지역 거부(A2AD)를 넘어서 항공모함 전대를 구축해 대양으로 진출하겠다는 것이다. 특히 시진핑 체제의 핵심 상징적 사업인 일대일로(一帶一路, One belt, One road)를 통해 서남 및 중앙아시아, 유럽, 아프리카를 아우르는 지역에서 중국의 영향력을 확대 중이다.

시진핑의 '공세'는 미국 내에서 중국의 정체성 논쟁으로 이어졌다. 오바마 행정부 1기 말부터 이미 대중(對中) 정책에 대한 비판과 함께 중국의 국가 정체성이 패권적이라는 지적이 공감대를 확장했다. 중국은 시장경제에 편입해 미국과 경제 관계에서 최대 이득을 취하면서도 '공산주의 독재국가'로서의 정체성은 오히려 공고해졌다는 견해가 담론을 지배하기 시작했다. 중국은 오바마 행정부의 순진한 기대와는 달리 처음부터 미국 주도의 질서에 순응할 의도 없이 시간을 벌고 국력을 축적해 왔다는 것이다. 특히 중국 경제가 미국을 넘어설 것이고 군사력도 미군을 급격히 추격할 것이라는 전망이 우세해지면서 중국은 패권적 야심을 본격화해 현상 타파에 나선다는 주장이 쏟아졌다.

2. 트럼프의 대중국 이념 대결 선포

트럼프(Donald J. Trump) 행정부는 시대에 편승해 미국의 '관여'는 실패했음을 천명하고 다음과 같이 중국을 비판했다. 중국은 미국이 국제 사회의 책임 있는 일원으로 참여시키기 위해 개방한 국제기구와 원칙, 예를 들어 세계

무역기구(WTO) 가입과 미국 시장 개방 등을 악용한다. 권위주의에 기반한 중상주의를 동원해 관세장벽, 기술 이전 강요, 지식재산권 절도, 환율 조작, 정부 산업보조금 지급 등을 공산당 정부 주도로 강행한다. 오바마가 믿었던 자유주의의 전파는 오히려 시진핑 일인 지배 체제 강화와 인권 탄압으로 돌아왔다. 미국이 군사적 상호 확증 파괴에 기댄 동안 중국은 경제력을 바탕으로 군사력을 대폭 확충하고, 남중국해 등의 지역안보 질서를 교란하면서 도련선을 확장해 대양으로 진출한다. 더욱 심각한 문제는 미국이 만든 규칙을 근원적으로 흔들며 독자적인 질서 창출에 나선 것이다. 결국 '수정주의' 국가로서 중국의 정체성이 이전 미국 행정부의 방관으로 확정됐다는 것이다. 이런 트럼프 행정부의 정책은 오바마 행정부 시기 제기된 대중 정책 비판이 쌓인 결과로서 새로운 것은 아니다. 더불어 미국 대중과 정치권의 중국에 대한 우려와 반감을 대중영합주의자인 트럼프가 놓치지 않고 활용한 측면도 있다.

그러나 트럼프 행정부가 시작한 초기 대중 공세는 '이익 갈등' 형태로 전개됐다. 2018년 트럼프가 중국의 대미 무역 흑자를 거칠게 비판하면서 대중 관세를 부과했을 때 미·중 갈등은 미국의 단기 경제적 이해에 치중하려는 양상을 보였다. 그러나, 곧바로 확전돼 2020년 폼페이오(Michael R. Pompeo) 국무장관은 대중국 이념 대결을 선포했다. 폼페이오는 연설을 통해 "시진핑 총서기는 파산한 전체주의 이데올로기 신봉자다.… 세계 패권 추구가 목표다. 미국은 중국과 정치적·이념적으로 근본적 차이가 있음을 더는 무시할 수 없다"라고 공포했다. 이는 미·중 갈등을 '강대국 경쟁'이 아닌 냉전 시 소련을 '악의 제국'으로 지칭한 이데올로기 갈등을 복원한 것이다. 그렇다면 중국의 부상은 미국에 대한 경제적·군사적 위협이 아닌 자유민주주의 국가로서 미국에 대한 본질적인 체제 도전이다. 문명충돌론과 함께 냉전식 이데올로기 갈등은 타협이 불가한 것으로서, 중국 공산주의 일당 체제가 무너지고 민주주의 체제로 전환돼야 끝나는 싸움이다.

미국의 공세에 대해 시진핑의 중국도 '귀환'을 포기하지 않는다. 시진핑 체제는 미국 주도의 국제 질서를 부인하고 권위주의 체제의 선호를 반영한 규범, 표준과 제도를 구축 중이다. '인류운명공동체론'을 대안으로 내세우면서 적어도 지구 남반부의 패권국으로 자리매김하려 한다. 중국이 당장 세계 패권국으로 등장하지는 않겠지만, "일부 지역에 한해서 느슨한 형태로 그러나 확장 가능성이 충분한 패권"을 추구한다. 시진핑 개인의 일인 지배 체제도 공고화한다.

3. 바이든의 복합 대중 정책

바이든(Joseph R. Biden, Jr.) 행정부 들어서도 미·중 갈등의 양상은 약화하지 않는다. 오히려 미·중 간 무력 충돌이라는 극한 상황이 회자된다. '강대국 정치의 귀환'이 본격적으로 선포되면서 미·중 갈등을 세력 전이와 패권 경쟁으로 규정하고 언제든 군사 충돌이 가능하다는 것이다. 경제적 상호 의존이 심화한 상태에서도 제1차 세계대전이 발발했다는 역사적 사실이 자주 소환된다. 상호 확증 파괴에 의한 억지도 소형화된 전술핵과 투발 수단의 정확도 향상으로 제한 핵전쟁이 가능하다는 반론에 직면한다.

나아가 일부에서는 냉전 시기보다 더 심각한 갈등을 예상한다. 냉전 때 미·소는 각각 상대방의 '영향권'을 사실상 인정했지만, 현재의 미·중은 남중국해, 대만 등의 지역에서 경쟁한다. 한반도도 미·중 간 갈등 지역으로서 언제든지 무력 충돌이 가능하다는 전망도 있다. 미·중 양국에서는 협력과 공존을 주창하는 목소리가 점차 줄고 미·중이 1914년 영국과 독일처럼 전쟁으로 걸어 들어가는 '몽유병' 환자라는 주장이 크게 들리기 시작했다.

바이든 행정부는 전면적 이데올로기 갈등보다는 총체적 우위를 유지하기 위한 전략 경쟁 형태를 보인다. 특히 세 가지 접근을 담은 '복합 대중정책'이 펼쳐지고 있다.

첫째, 자유주의적 국제 질서 재건을 통한 '정당성' 확보다. 미국은 중국의 도전에 대항해서, 과거 '평화와 번영'을 가져온 자유주의적 국제 질서에 다시금 정당성을 부여하는 노력을 기울이고 있다. 이를 위해 오바마 행정부 때 시도된 '규칙에 기반한 국제 질서'를 소환해서 정당성을 강화한다. 특히 자유주의 국제 질서의 핵심인 '민주주의' 가치를 끊임없이 강조한다. 민주주의를 "우리 시대가 직면한 도전에 대응하기 위한 필수"로 규정하고 동류국가(like-minded partner)와 협력을 중시한다.

둘째, 동맹 체제 복원을 통해 인도·태평양 지역의 '세력 균형'을 미국에 유리하게 회복하려 한다. 역내 국가가 중국을 억제할 수 있는 '비대칭적 능력'을 확보하도록 돕고, 역내 국가 간 새로운 군사·정보 협력을 북돋우며, 미국과 협력을 강화한다. 블링컨(Tony Blinken) 국무장관과 오스틴(Lloyd Austin) 국방장관은 이러한 노력을 전투 능력을 배가시켜 주는 '전력승수(force multipliers)'로 비유한 바 있다. 전력승수는 기존 부대의 특성을 살려서 시너지를 창출하면 숫자 이상의 효과를 낼 수 있다는 의미다. 역내 미 동맹·우호국의 지정학·지경학적 특징과 이점을 살려 협력을 강화해서 규모에 상관없이 중국을 효과적으로 견제하겠다는 의도다.

셋째, '자유주의 연대의 다면적 재구축'을 통해 중국을 견제하는 진화한 '제도적 자유주의'를 제시한다. 미국이 추구해야 할 전략을 혼돈에서 창조가 아닌 기존 체제를 현대화하고 강화해서 작동 체제를 정상화하는 재구축으로 규정한다. 구체적으로 미국은 유연하고 혁신적인 동반자 체제를 구축해 이전과 차별화를 모색한다. 모든 의제를 망라하는 거대 협력체를 구성하기보다는 의제별 '맞춤형 혹은 방편적(bespoke or ad hoc)' 협의체를 구성한다. 이러한 접근은 기존 제도주의가 구축해 온 '공식적, 법제적, 하향식'으로 미분화된 집단행동이 더는 효과적이지 않다는 자기 반성에 기초한 것이다. '분산적'이고 '복합적' 성격을 가진 세계 의제를 다루기 위해서는 각각의 의제를 '실질적, 기능적, 영역 친화적, 비공식적인 접근'을 통해 맞춤형으로 접근할 필요가 있다. 이는 트럼프 행정부 시기 경험한 동맹 훼손과 코로나19 사태로 표출된 미국의 세계 공공재 제공 능력과 의지 부족이 결합해 동맹국의 전략적 자율성 추구로 이어지는 현상에 대한 대응이기도 하다. 미국이 동맹국에 충분한 유익을 무상으로 제공하지 못하는 대신 개별 국가의 참여를 통해 얻는 이득이 비용보다 큼을 자발적으로 인지하도록 유도하는 것이다. 일종의 '지분 나누기' 형태로 명분과 이득을 모두 제공함으로써 역내 국가의 선택 부담을 미국에 유리하게 가져간다.

그러나 바이든 행정부가 추진하는 대중 견제정책의 구체적·최종적 목표는 아직 확실하지 않다. 경제 분야로 국한하면 트럼프 행정부 때 회자되던 미·중 경제의 '완전한 형해화(complete decoupling)'보다는 '제한적 이탈(partial disengagment)', '부분 형해화(partial decoupling)', '전략적 재연계(strategic recoupling)' 등이 제안되는 모양새다.

Ⅱ. 미국의 '더 나은 세계 재건' 대(對) 중국의 '일대일로'

첨예한 미·중 갈등이 목격되는 현장 중 하나는 국제 개발 협력 분야다. 1945년 이래 미국이 주도해 온 저소득 국가 발전 노력을 중국이 새로운 형태로 접근하면서 부딪치고 있다. '규범 전쟁,' 즉 국제 질서의 원칙과 표준 싸움이 진행되고 있다.

선공은 '일대일로'로 중국이 시작했다. 일대일로는 2013년 시진핑 주석이 '신형 주변국 관계' 차원에서 밝힌 구상으로 내륙과 해상을 연결하는 실크로드를 재구축해 '연선 국가(沿線國家, 주변국가)'를 위한 철도, 에너지, 도로, 항만 등을 건설하는 사업이다. 2020년 기준으로 2013년 이래 136개국과 30개 국제기구가 참여해 900억 달러에 달하는 중국의 해외 직접투자를 수령하고 6조 달러 규모의 교역이 이뤄졌다. 일대일로는 처음 소개될 때만 하더라도 '구상', '제안', '프로젝트' 등으로 불렸으나, 시진핑의 국가 브랜드 사업이 되면서 '대전략'으로 전환됐다. 중국 주도의 아시아인프라투자은행과 시진핑이 표방하는 '인류운명공동체론'과 함께 중국이 세계 번영을 가져올 수 있는 미국의 대안 세력이 되겠다는 의도를 드러낸다.

그간 미국은 중국의 일대일로에 사실상 침묵하다가, 2021년 6월 개최된 주요국 7개(G7) 정상회의를 통해 반격을 시작했다. 정상회의 공동성명을 통해 '더 나은 세계 재건(Build Back Better for the World: B3W)'이라는 글로벌 경제 협력사업을 채택했다. 명칭 자체가 바이든의 대선 공약이자 핵심 정책인 '더 나은 재건(Build Back Better)'을 그대로 옮긴 것으로서 미국이 주도했음을 노골적으로 보여줬다. 바이든은 G7 회의를 앞두고 워싱턴포스트 기고문을 통해 "세계 주요 민주주의 국가들은 중국에 대한 높은 수준의 대체재를 제공할 것"이라고 예고한 바 있다.

미국이 제시한 '더 나은 세계 재건'은 일대일로의 약점을 파고든다. 일대일로는 이미 2018년 참여국 중 최소 8개국을 '부채의 늪'에 빠뜨렸다. 저소득 국가를 돕는 기존 국제 개발 협력은 이자가 없고 원금도 일부만 상환하는 양허성 자금인 공적 개발 원조(ODA) 형태가 주류이지만, 중국의 일대일로는 해당국에 차관을 제공하고 이자를 받는다. 제공된 차관마저 투명성이 부재해 정치자금으로 활용되거나 중국 기업의 참여 요구로 이어지는 사례가 보고됐다. 일부 국가는 대중(對中) 차관이 국민총생산의 20%에 육박해 항만과 같은 국가 자산의 일부를 중국에 양도하는 상황도 확인됐다. 지난 2019년 4월 베이징(北京)에서 개최된 제2차 일대일로 포럼에서 시진핑 주석도 문제를 인정했다. 일대일로가 "개방적이고 순수해야 하며 환경 친화적이어야 한다"면서 "부패를 절대 용납하지 않을 것"이라고 밝혔다.

미국은 일대일로의 대안으로서 '더 나은 세계 재건'을 제시한다. 중국 정부의 투명성 부족, 열악한 환경·노동 기준, 연선국가의 발전보다는 퇴보 등을 신랄히 지적하면서 미국 주도의 국제 수준에 맞춘 가치와 기준, 일하는 방식을 제안한다. 구체적으로 '더 나은 세계 재건'은 기후, 보건, 디지털 기술, 성평등 등의 4개 영역에서 자유민주주의 가치를 반영한 높은 수준의 사업이 시행될 것임을 밝힌다. 특히 강조하는 것은 투명성, 지속가능성, 친환경으로 중국과 차별화된다. 중국의 차관 방식이 아닌 기존 공적 개발 원조에 민간 영역의 역할을 더하는 형태가 될 것으로 예상된다. 또한 이미 전문성이 확인된 세계적 개발협력기구인 세계은행(World Bank)과 국제통화기금(IMF)을 활용한다. 6월 G7 회의를 통해 아프리카의 친환경 인프라 개발을 위해 국제통화기금에 1,000억 달러를 지원하기로 합의한 바 있다. 미국은 G7을 중심으로 국제 개발 협력을 주도하는 경제협력기구(OECD) 참여를 독려해 사업을 확장중이다.

미국이 G7과 함께 일대일로를 문제 삼는 것은 중국의 독자적 국제 질서 창출을 더는 방관하지 않겠다는 의도다. 바이든은 미국이 동맹국과 협력해 중국의 권위주의 발전 모델이 전파되는 것을 막고 '자유주의적 국제 질서'를 복원하겠다는 의지를 지속적으로 표출한다. 일대일로에 대응하는 '더 나은 세계 재건'은 이를 구체화하는 실제 행동의 일환이다.

III. 미·중 관계 전망과 한국의 선택

1. 관계 전망

미·중 갈등을 전망하기란 쉽지 않다. 다만 일정 측면에서 방향성은 확인된다.

첫째, 기술 분야 경쟁이 첨예하다. 미국은 동맹국과 협력해 무역과 투자 분야에서 제한을 가함으로써 중국의 자유로운 성장을 막고 권위주의 발전 모델을 개혁하려 한다. 이를 위해서 미국은 당분간 완전히 통합된 세계 경제 구축을 중단하고 같은 생각을 가진 국가와 함께 부분적 자유무역 체제의 건설을 모색한다. 여기에 대항해서 중국은 세계 2위 경제력과 구축한 일대일로를 활용해 미국의 '선택적 다자주의'를 분쇄하려 한다.

둘째, 미·중 간 전면적 이념 대결로 치환할 가능성을 완전히 배제할 수는 없다. 바이든 행정부에서도 미·중 경쟁을 '민주주의와 전제정치' 대결로 규정하는 발언이 반복된다. 가치 외교를 인권으로 실체화한 대외정책도 중국을 겨냥한다. 중국은 미국의 공세를 '내정 간섭'으로 강력히 비판하면서 오히려 홍콩과 신장 위구르에 대한 반민주적 통치 체제를 강화하는 양상이다.

셋째, 미·중 갈등은 장기전이 될 것이다. 미·중 갈등은 일방이 쉽게 승리할 수 있는 구조가 아니다. 예를 들어 미국이 원하는 중국 체제 변화는 가능성 유무를 떠나 중국이 좀 더 수용적이고 개방적으로 변화를 선택하더라도 시간이 걸린다. 공급망을 새롭게 구성하고 중국을 압박하는 것도 단기간 내에 완성하기 쉽지 않다.

넷째, 미·중 간 경쟁은 지구적 리더십 확보에 좌우될 것이다. 특히 미·중 양국이 모두 처한 대내외적 정당성 문제의 해결 능력이 관건이다. 미국은 트럼프 시기를 지나 바이든 행정부가 민주주의 표본으로서 자유주의 국제 질서를 성공적으로 복원한다면 경쟁의 우위 확보가 가능할 수 있다. 지난 시기 경제 양극화, 민주주의 기능 이상을 극복하고 정치사회적 안정과 결속이 다져지면 승산이 있다. 반면 중국은 구조적 한계가 분명하다. 홍콩의 일국양제(一國兩制, one country, two systems)를 무력으로 조기 종결하면서 대외적으로만 자유무역과 다자주의를 외친다고 지구적 리더십을 확보할 수 없다. 중국이 아무리 경제 발전으로 포장해도 근본적 자유 부재의 권위주의 체제가 지구 차원에서 자발적 동의를 끌어낼 매력이 될 수 없기 때문이다.

2. 한국의 선택

큰 틀에서 한국의 안보와 번영을 담보해 준 것은 1945년 이래 구축된 미국 주도의 '자유주의적 국제 질서'다. 자유민주주의 가치를 기반으로 자유무역, 다자협력, 세계화, 동맹 등을 강조하는 기본 질서를 통해 한국은 번영해 왔다. 따라서 변화하는 세계 질서에 대응해 한국이 기본적으로 유지해야 할 대외전략의 가치와 목표는 자유주의적 국제 질서의 복원이 돼야 한다. 미국의 대중 정책은 자유민주주의 '정당성'에 기반하고 있으므로 가치를 공유하는 한국이 선택할 준거는 마련돼 있다.

한국은 적극적·능동적으로 미·중 갈등에 대응해야 한다. 특히 미국에 의존해 책임과 비용을 전가하고 이익만 추구하려는 정책을 멈춰야 한다. 미·중 갈등이 영합(zero-sum) 형태로 진행되는 분야가 증가함을 이해하고 선제적 대응도 검토해야 한다. 비용을 지불하지 않으려는 '전략적 모호성'은 유효가 다 돼 간다. 사드(THAAD, Terminal High Altitude Area Defense: 고고도 미사일 방어 체계)의 교훈은 중국의 보복이 아니라 한국이 능동적·선제적으로 대응하지 못한 데서 찾아야 한다.

마지막으로 미국이 기술과 경제 분야에서 분명한 의지를 갖고 새로운 표준과 규범을 선도하는 작업에 적극 동참해야 한다. 미국과 동맹국이 50% 이상을 차지하는 세계 경제의 비중을 고려해야 한다. 기술 분야와는 달리 공급망 재편에는 적지 않은 시간이 걸리므로 미국 주도 경제망에 참여하더라도 단기간 내 대중 경제 형해화는 이뤄지지 않으므로 한국 경제 완충을 위한 시간을 확보할 수 있다. 더불어 기술 패권도 가치가 부과된다. 중국식 권위주의 기술 발전 모델은 효율적이지만, 자유민주주의 국가인 한국이 수용할 수 없다. 그렇다면 한국은 미국과 함께 '기술 민주주의'를 추구해야 한다.

미·중 갈등은 분명 장기전이다. 한국이 방향을 잡지 못한다면 장기간 표류하게 된다. 신중하지만, 실기(失機)하지 않는 선택이 필요하다.

미·중 충돌과
동아시아 해양안보

김민석

Ⅰ. 중국의 해양굴기 실상

1. 중국의 공세적 해양 팽창전략

해양은 국가의 생명줄이다. 해양은 국가에 필요한 자원을 공급하고 부(富, wealth)를 제공한다. 해양 자원보다 더 중요한 요소는 교통로로서 해양의 역할이다. 오늘날 국가들 사이에 이동하는 물동량의 99%는 해양을 통해 이뤄진다. 해양이 차단되면 국가의 경제는 완전히 마비될 수밖에 없다. 이런 이유로 국제 사회는 해양에 대한 영유권이 닿는 12해리 바깥의 바다는 모든 나라가 자유롭게 이용할 수 있도록 국제법으로 공해(公海)로 규정하고 있다. 또한 영해는 아니지만 경제적인 이익이 미치는 해역을 해양법에 관한 국제연합 협약(UNCLOS)에 따라 연안에서 200해리(약 370㎞)를 배타적 경제수역(EEZ)으로 설정하고 있다. 해양은 국가 안보 차원에서 완충 기능도 한다. 타국의 군함이 특정국의 영해에 진입할 때는 사전 허가를 받도록 하는 이유다.

탈냉전 이후 안정돼 온 해양안보에 최근 경고등이 들어오기 시작했다. 중국의 공세적인 해양정책 때문이다. 중국은 강대국 부상과 해양강국 달성을 목표로 해군력 현대화를 빠른 속도로 추진하고 있다. 중국은 증강한 해군력을 기반으로 핵심 이익을 고수하고, 국제법으로 공해인 일부 해역에 대해 실효적인 영향력을 확대하고 있다. 또한 국제 질서에 대해 점진적으로 현상 변경을 노리면서 지배력을 강화하고 있다. 해양에서 나타나는 구체적인 방안이 일대일로(一帶一路) 전략의 육상과 해상 비단길 가운데 바닷길이다. 육상 비단길은 다른 나라의 영토로 이어지기 때문에 이해 충돌 여지가 없다. 그러나 바닷길은 대부분 공해상에 걸쳐 있어 어느 한 국가가 영유권을 주장할 경우 이해 충돌이 발생할 소지가 크다. 중국의 해양굴기(海洋堀起)에 포함되는 동·남중국해가 대표적이다. 중국은 동·남중국해가 공해인데도 진나라 때부터 연고가 있다는 터무니없는 근거로 이 바다를 사실상 내해로 만들려고 기도하고 있다. 중국은 이를 위해 남중국해의 무인도에 군사기지를 건설한 뒤 군사용 활주로와 레이더, 미사일 등을 배치하고, 이 해역을 지나가는 다른 나라의 함정과 선박을 감시 및 위협하고 있다. 또한 중국은 베트남과 필리핀이 남중국해에서 추진하던 석유 시추 및 조업 활동을 무력으로 방해하기도 했다. 중국의 해양 장악 시도는 포괄안보를 위반하는 행위로 이어지고 있다.

중국은 이러한 해양굴기를 구체화하기 위해 말라카해협-필리핀-대만-오키나와-일본 남부를 잇는 가상선을 제1도련선으로 설정하고, 이를 중국의 해상 방어선으로 삼았다. 문제는 제1도련선이 중국의 영해에 속해 있지 않고, 누구든 자유롭게 이용할 수 있는 공해상에 있다는 점이다. 중국이 추진하고 있는 해양 팽창의 1단계 목표는 2025년쯤부터 미 해군 함정이 제1도련선에 접근하는 것을 차단하고, 그래도 진입하면 탄도미사일로 격파하는 방식의 거부전략을 시행할 것으로 전해지고 있다. 이른바 반접근거부(A2/AD) 전략이다. 제1도련선이 걸쳐 있는 바다가 공해인데도 불구하고 중국은 미국을 포함한 다른 나라의 함정이 함부로 통항하지 못하게 하려는 것이다. 이는 국제 질서를 현저하게 훼손하는 행위다. 중국은 최종적으로 미 해군 세력을 태평양의 괌까지 밀어내는 것을 목표로 삼고 있는 것으로 보인다. 말하자면 중국이 태평양을 반분하면서 미국을 동아시아에서 완전히 배제하려는 것이다. 중국은 또 미얀마와 협조해 인도양으로 곧장 진출하는 방안도 추진 중이다. 중국은 이러한 전략 목표를 달성하기 위해 해안에 초수평 장거리 레이더를 설치하고, 무인정찰기로 동·남중국해를 수시로 감시하고 있다. 중국은 유사시에는 해상경계 레이더와 정찰기가 탐지한 미 해군 함정을 타격하기 위해 중국 내륙에 다수의 둥펑-21D와 둥펑-26 등 탄도미사일을 배치했다. 또한 현재 2척인 항공모함을 6척까지 늘리는 등 함정을 2025년까지 400척, 2030년에는 425척으로 확대할 계획이다.

2. 중국 해양굴기의 전략적 위협

중국의 위협은 앞으로 4~5년 뒤부터 위기로 대두할 소지가 있다. 중국 시진핑 주석의 중국몽이 실현될 2035년경엔 물리적 갈등이 본격화할 것으로 미국은 예상하고 있다. 그 사이에 크고 작은 충돌이 발생할 개연성은 상당히 크다. 위기의 시발점은 중국의 반접근거부(A2AD) 전략이다. 중국이 A2AD 전략에 따라 1단계로 2025년경부터 제1도련선을 차단하려고 들면 위기는 곧

바로 고조될 소지도 있다. 더구나 이 제1도련선 안쪽에는 동·남중국해가 포함되고 대만도 들어간다. 한국과 일본의 해상수송로도 포함된다. 한국과 일본에서 동남아, 인도, 중동, 아프리카, 유럽을 오가는 물동량의 99%가 이 해역을 지나간다. 또 중동에서 들어오는 원유도 이 해상수송로로 들어온다. 특히 중국이 대만을 점령하려고 시도하거나, 위협하기 위해 무력적인 행동을 추진하면 동아시아의 위기는 더 빨리 올 수도 있다.

중국의 이러한 도발적인 구상에 미국을 비롯한 자유민주주의 선진국들은 구조적인 문제로 보고 있다. 중국이 세계 질서를 중국의 의지에 맞게 재편하려는 심각한 도전으로 간주하고 있다. 지난 6월 13일 영국 콘월에서 폐막한 선진 7개국(G7) 정상회의 공동성명은 중국에 대응한 자유민주주의 연합전선을 구축하기 위한 첫 선언으로 볼 수 있다. 현재 국제 질서에 도전하고 자유와 인권을 무시하며 제어장치 없이 강압적으로 팽창하는 중국에 대해 자유주의 국가들이 반격할 준비 체제를 갖추기 위한 조치라는 것이다. 중국이 태평양을 반분해 동아시아에서 미국의 군사력을 밀어내고, 미얀마와 협조해 인도양으로 진출하면 국제 사회는 매우 복잡해진다. 그동안 모든 국가가 자유롭게 통항하던 서태평양과 인도양은 물론, 여기에 인접한 국가들까지도 중국의 영향을 받을 수밖에 없다. 경우에 따라서는 동아시아 전체가 중국의 질서에 따라야 할 소지도 있다.

중국의 해양 팽창전략은 한반도의 서해에서도 나타나고 있다. 중국은 2013년 시진핑 국가주석이 해양주권을 강화하라는 지시를 내린 뒤부터 동경 124도를 자국의 해상작전구역 경계선이라고 일방적으로 주장해 왔다. 중국 측은 2013년 중국을 방문한 최윤희 당시 해군참모총장에게 "한국 해군은 이 선(동경 124도)을 넘지 말라"고 요구한 바 있다. 현재 동경 123~124도 사이의 공해상은 한·중이 배타적 경제수역(EEZ)을 설정하지 못해 잠정조치 수역으로 남아 있다. 그런데도 2020년 중국 항공모함 랴오닝함과 산둥함이 서해 우리 관할 수역에서 해상훈련을 20회가량 실시했고, 함정과 항공기를 동원한 대잠수함 훈련도 10여 차례나 했다. 2021년 1월에는 중국 경비함 동경 124도를 넘어 연평도 40km까지 접근했으며, 2월에는 중국군 정보함이 소흑산도 인근의 동경 124도를 침범하기도 했다. 중국 해군 경비함은 최근 수년 사이 거의 매일 123~124도 사이에 출몰하고 있는 추세다. 그뿐만 아니라 지난 3년간 중국 군용기가 서해 한국방공식별구역(KADIZ)을 60번 이상 진입했으며, 여기에는 러시아까지 가세하고 있다. 서해에서 중국의 군사적 영향력 확대는 한국과 새로운 갈등 요소로 부각되고 있다.

여기에 러시아는 핵무기와 극초음속 미사일, 인공지능(AI)이 장착된 로봇 전투병기 등으로 유럽을 위협하고, 북극해와 극동까지 진출하려는 태세다. 핵무기를 포기하지 않는 북한은 128만 명의 대규모 재래식 전력과 수년 내에 100~200개의 핵무기에 대륙간탄도미사일(ICBM) 등으로 한국·미국·일본을 압박할 것으로 보인다. 중국이 주도하고 러시아와 북한이 가세하면 현재 국제 질서는 급속하게 와해할 수도 있다.

이러한 중국의 문제는 인권과 국제 질서를 무시하고 있다는 점이다. 중국은 러시아, 북한과 더불어 전제정치를 하고 있고, 전체주의로 흐르고 있다. 시 주석과 푸틴 러시아 대통령, 김정은 북한 국무위원장 모두 종신형 전제군주나 마찬가지다. 역사에서 전제정치는 필연적으로 폭정을 수반했고, 전체주의로 흘렀다. 이들은 자원 확보와 영향력 확대를 위해 주변국에 폭력을 행사했다. 그 결과는 세계전쟁이었다.

II. 미국의 아태전략과 군사력 전개 동향

1. 미국의 인도-태평양 전략

미국은 중국과의 본격적인 군사적인 충돌 시기를 2035년 정도로 보고 있다. 미 육군성 보고서[1]에 따르면 미국은 중국 및 러시아와 2035년쯤 충돌할 가능성이 있다고 보고 대비 중이다. 이번 G7 정상회의와 이어 열린 나토(NATO) 정상회의는 이런 위협에 장기적으로 대비하기 위한 차원으로 추정된다. 미국과 중국의 전략적 경쟁에 이은 갈등은 군사적인 충돌을 야기하고, 최악에는 인류끼리의 마지막 전쟁이라고도 할 수 있는 제3차 세계대전으로 이어질 소지도 있어 보인다. G7 정상회의는 중국의 불법성과 위험성을 직접 비판했다. 중국을 국제적인 공공의 적으로 규정한 셈이다. 그런 뒤 나토 정상회의에서 '나토 2030'이라는 제목의 새로운 전략을 세우기로 합의했다. 이 전략은 2022년 나토 정상회의에서 공식 채택하기로 했다. 중국 주도의 국제 질서 파괴에 러시아와 북한이 합세할 우려에 대비한 조치로 판단된다.

나토의 새로운 전략은 미국·일본·호주·인도의 안보 협력체인 쿼드(QUAD)와 연계될 전망이다. 대서양과 태평양·인도양을 동시에 대비하는 차원으로 보인다. 나토의 새 전략 개념의 내용은 아직 공개되지 않았다. 나토 정상회의에 처음 참석한 바이든 미국 대통령이 촉구해 추진키로 했다. 나토 정상들은 현재 중국의 팽창전략이 국제 질서에 대한 구조적인 도전이라고 했다. 국제 질서를 근본적으로 바꿀 수 있다는 차원에서 나온 얘기다. 그 이유

---

[1] Headquarters, Department of the Army, "Army Multi-Domain Transformation-Ready to Win in Competition and Conflict," (2021.03.16.)

는 공격적 성향의 러시아가 중국과 군사적으로 협력하고 있어 상황을 더 심각하게 보고 있기 때문이다. 지난해 12월 중국과 러시아 군용기 19대가 동해 한국방공식별구역(KADIZ)을 침범해 공동으로 위력을 과시한 사례가 이를 방증한다. 중·러가 합세한 위협이 유럽과 동아시아를 오가고 있다. 이번 나토 정상회의에서 메르켈(Angela Merkel) 독일 총리가 언급한 말이 이런 상황을 뒷받침해 준다. 메르켈 총리는 "새 전략 개념이 수립되면 나토는 러시아나 중국과 같은 가장 시급한 도전에 더 잘 빠르게 대응할 수 있을 것"이라고 말했다.

이와 함께 중국을 견제하기 위한 현재 진행형 조치도 자유민주주의 국가들의 협조하에 이뤄지고 있다. 중국이 자국의 영해가 아닌 공해를 대상으로 영향력을 확대하고 있는 현실에 미국을 중심으로 자유민주주의 국가들이 협력해 대처하고 있다. 미국은 중국이 실효적으로 지배하는 바다라고 주장하는 남중국해에 정기적으로 함정을 통과시키고 있다. 이른바 자유항행작전(FONOP)이다. 미국은 중국이 태평양과 인도양으로 군사적 영향력을 확대하려는 정책에 대비하기 위해 인도-태평양 전략을 입안했다. 태평양사령부를 인도-태평양사령부로 확대 개편하고, 일본·호주·인도와 함께 쿼드(QUAD: 4개국 협력체)를 구성하고 있다. 영국과 프랑스도 최근 인도양과 태평양에 항공모함 등 함정을 보내 쿼드의 활동을 지원한다. 미국은 한국도 쿼드에 참여하기를 희망하고 있다. 쿼드는 현재로선 포괄안보 차원에서 협력체이지만, 앞으로 동·남중국해에서 중국의 불법적인 군사 행위에 따라 군사안보협력체로 또는 아시아판 나토(NATO)로 진화할 가능성도 있다.

중국에 대한 견제는 오바마 행정부에서 시작했고, 트럼프 정부에서 본격화했다. 바이든 신행정부는 트럼프 행정부의 정책을 이어받아 더 구체화하고 있다. 미국의 트럼프 전 행정부는 오바마 정부의 '아·태 재균형정책'을 대체해 2017년 '자유롭고 열린 인도-태평양 전략(Free and Open Indo-Pacific Strategy)'을 채택했다. 또 이 전략에 따라 태평양사령부(USPACOM)를 인도-태평양사령부(USINDOPACOM)로 확대 개편했다. 태평양과 인도를 하나의 전구(戰區, theater)에 넣어 통합 관리하기로 한 것이다. 이와 함께 미국은 정부의 모든 외교안보 전략문서에 러시아, 북한, 이란과 함께 중국을 적(enemy)으로 규정했다. 그 중심에는 중국이 있다. 그런 차원에서 이번 G7과 나토 정상회의는 곧 다가올 전쟁 가능성을 억제하기 위해 대비하는 첫 조치다.

중국이 반접근거부(A2/AD) 전략을 성공해 2020년대 중반 이후 미 해군을 제1도련선 바깥으로 밀어낼 경우 안보 및 경제 상황은 매우 심각해진다. 대만은 물론 동아시아 일부도 중국의 영향권에 들어갈 수 있다는 점에서다. 또한 한국과 일본의 남방 해상수송로는 중국의 통제를 받을 가능성이 크다. 한국에서 동남아시아, 인도, 중동, 아프리카, 유럽 등으로 오가는 모든 해상물동량이 중국의 영향권에 들어갈 수 있다는 얘기다. 중동에서 한국으로 들어오는 에너지도 마찬가지다. 그럴 경우 중국의 의도에 따라 해상수송로가 중국의 통제를 받아 한국의 경제가 언제든지 마비될 소지가 있다. 이런 문제는 일본도 같은 처지다. 이와 함께 미 해군도 사실상 괌이나 하와이로 후퇴하는 심각한 전략적 위기에 직면할 수 있다. 동시에 동아시아에서 대한 미국의 영향력은 크게 줄어들고, 종국에는 동아시아 전체가 중국의 영향권에 들어갈 수도 있다. 문제는 시진핑 체제 이후 중국의 행태는 자유롭고 개방된 세계가 아니라, 강압적이고 배타적이라는 점이다. 전제정치를 추구하고 있는 시진핑의 중국은 전체주의로 변하고 있으며, 상황에 따라서는 러시아와 북한이 연대할 가능성도 배제할 수 없다. 과거 역사에서 히틀러(Adolf Hitler)의 독일과 무솔리니(Benito Mussolini)의 이탈리아, 일본제국주의 등 전체주의 국가들이 그랬던 것처럼 이해관계에 따라서는 중국이 주변국에 폭력을 행사할 가능성도 없지 않다.

이러한 안보 위기를 우려한 미국은 국가 전략문서에 중국과 러시아, 북한 등을 이란과 함께 적(enemy)으로 규정했다. 특히 중국에 대해서는 국제 질서를 바꾸려는 수정주의 국가(revisionist)로 분류했다. 미 국방부는 중국의 국제 질서 훼손에 대비해 동아시아에 주둔한 미 육군을 재편하고, 육군과 해병대를 인공지능(AI)과 무인로봇으로 무장할 준비에 서두르고 있다. 또한 미국은 중국의 탄도미사일의 공격을 피하기 위해 줌왈트급 스텔스 구축함(Zumwalt-class destroyer)을 지휘함으로써 무인로봇 함정과 잠수정 등으로 구성된 유령함대(Ghost Fleet)를 2025년 이후에 창설할 계획도 세워놓고 있다. 결과적으로 2025년을 전후해 미국과 중국이 동·남중국해에서 충돌할 개연성이 상당히 크다. 혹여 중국이 대만 점령을 시도한다면 더 심각해진다. 이러한 안보적 상황을 우려해 일부 자유민주국가들이 함께 대처하고 있는 것이다. 영국과 프랑스가 최근 동아시아에 항공모함을 파견한 것도 이와 무관하지 않다.

중국의 해양 팽창전략은 동·남중국해를 중심으로 서쪽으로는 인도양으로, 동쪽으로는 한반도 서해에까지 확장되고 있다. 국제 규범과 질서를 무시하는 중국의 해양굴기는 한국의 남방 해상수송로에 직접적인 타격을 줄 수도 있고, 서해에서의 한국 해군과 마찰도 우려된다. 그런 우려는 지난 5월 문재인 대통령과 바이든 미 대통령의 백악관 정상회담에서 합의한 공동성명[2]에 잘 나타나 있다. 양국 대통령은 공동성명에서 "규범에 기반한 국제 질서를 저

---

2 문재인 대통령과 바이든 미 대통령은 2021년 5월 21일 미국 워싱턴에서 한·미 정상회담을 갖고, 양국이 미국의 인도-태평양 구상에 협조하기로 합의했다. 당시 문 대통령은 ① 미국의 자유롭고 개방적인 인도-태평양 구상을 연계하기 위해 협력, ② 규범에 기반한 국제 질서를 저해, 불안정 또는 위협하는 모든 행위를 반대, ③ 포용적이고 자유롭고 개방적인 인도-태평양 지역을 유지할 것을 약속, ④ 남중국해 및 여타 지역에서 평화와 안정, 합법적이고 방해받지 않는 상업 및 항행 상공 비행의 자유를 포함한 국제법 존중을 유지하기로 했다.

해, 불안정 또는 위협하는 모든 행위를 반대하며, 포용적이고 자유롭고 개방적인 인도-태평양 지역을 유지할 것을 약속했다"고 밝혔다. 또 양국은 남중국해에서 항행의 자유, 대만해협에서의 평화와 안정 유지와 쿼드의 중요성도 언급했다. 해양에서 국제 질서와 규범을 무시하고 있는 중국의 불법적인 행태를 한·미가 공동으로 비판한 것이다.

2. 미국의 군사력 전개 동향

이런 구조적인 안보위기 상황을 심각하게 받아들이고 있는 미국은 2019년 인도-태평양전략보고서(Indo-Pacific Strategy Report)를 발표했다. 이 전략에 따라 미 해군 전력의 60%를 인도-태평양 구역에 전진 배치하고 있다. 2019년 6월에는 남중국해에서 항모 로널드 레이건 등 항모타격단이 일본 해상자위대의 경항모 이즈모 등과 무력 시위를 벌이기도 했다. 영국과 프랑스의 함정들과도 연합훈련을 최근 실시하기도 했다. 현재 미 해군은 인도-태평양에 항모 로널드 레이건 등 4척을 투입해 놓고 있는 상태다. 미 7함대에 고정 배치돼 있는 중형 항모 수준의 아메리카함까지 더하면 사실상 항모 5척 체제다. 4만 5,000t급 아메리카함에는 수직이착륙 스텔스기 F-35B를 20대나 탑재한다. 미국은 중국의 함정 증가(2025년 400척)에 대비해 2030년까지 함정을 425척으로 늘릴 계획이다.[3]

이와 함께 미 국방부는 중국의 제1도련선 차단에 대응해 유령함대(Ghost Fleet)를 창설할 계획이다.[4] 유령함대는 말 그대로 스텔스 함대다. 중국 내륙

---

[3] https://chinapower.csis.org/china-naval-modernization/(2021년 7월 18일 검색)
[4] https://nationalinterest.org/blog/buzz/us-navy%E2%80%99s-%E2%80%9Cghost-fle et-program%E2%80%9D-drone-warships-real-176382(2021년 7월 18일 검색). CRS 보고서, "Navy Large

에 배치된 함정 타격용 탄도미사일의 위협을 피하는 게 1차 목표다. 유령함대는 스텔스 구축함인 줌왈트가 지휘함이 된다. 줌왈트를 제외한 유령함대를 구성하는 모든 함정은 무인함정이다. 무인 수상함과 무인 잠수정은 모두 스텔스이고, 사람이 타지 않아 무기만 빼곡하게 탑재할 수 있다. 중국군의 레이더로는 탐지가 쉽지 않다. 줌왈트함은 1만 5,700t에 선체의 옆면적이 축구장 1개 반 크기이지만, 레이더로 보면 200t급의 작은 어선으로 나타난다. 무인함정은 레이더로 탐지가 제대로 되지 않는다. 따라서 유령함대는 중국의 입장에는 말 그대로 유령처럼 보이지 않는다는 것이다. 미 해군은 중국이 도발하면 유령함대를 먼저 투입해 중국 함모와 구축함 등을 격파하고, 이어 중국 내륙에 있는 탄도미사일 기지를 제거할 것으로 알려져 있다. 그런 뒤에 미 해군 항모타격단이 제1도련선 이내로 들어가 본격적인 작전을 수행한다는 것이다.

다음은 육군과 해병대다. 미 국방부는 육군과 해병대에 AI(인공지능) 기능을 가진 로봇 전투 체계를 갖추기 위해 전력투구하고 있다. 육군과 해병대에 로봇 전투 체계를 갖추는 이유는 직접 근접 전투를 벌이면 많은 희생자가 발생할 수 있기 때문이다. 특히 미 해병대는 중국이 남중국해에 대한 영유권을 본격화할 시기에 대비하고 있다. 그런 상황이 도래하면 미 해병대는 전투 로봇으로 남중국해의 무인도에 설치한 중국군 기지를 점령한다는 계획도 세우고 있다고 한다. 최근 미 해병대는 괌에서 중국군 무인도 기지와 유사한 상황을 설정해 놓고 점령하는 훈련을 실시한 것으로 보도된 바 있다. 미 국방부는 로봇 전투 체계 확보를 2040년까지 3단계에 걸쳐 추진한다. 1단계는 지난해에 종료했다. 이와 함께 미 국방부는 태평양지역에 배치된 미 육군을 2028

Unmanned Surface and Undersea Vehicles: Background and Issues for Congress," (2021.07.06.)

년까지 전면 개편하는 방안을 검토 중에 있다고 한다. 미 해병대와 육군이 전투 로봇을 대량으로 확보하면 전략적 기동이 매우 유리해지게 된다. 따라서 지금의 육군 배치 구조는 효율성이 떨어진다는 것이다. 또 현재 서태평양에 배치된 미 육군은 중국의 탄도미사일 등에 매우 취약하다고 평가하고 있다. 그래서 미 국방부는 앞으로 부대를 중국의 미사일 타격에 치명적인 피해를 받지 않도록 평소에는 분산 배치했다가 유사시에는 모자이크식으로 짧은 시간에 조합해 작전하는 방식으로 추진 중이다. 이른바 모자이크전(Mosaic Warfare)이다.

또한 미 국방부는 육군에 다영역임무군(Multi-Domain Task Force: MDTF)을 창설할 예정이다. MDTF는 육·해·공군과 해병대, 우주군과 합동군(지역사령부)을 통합해 운영할 수 있는 일종의 신속대응군이다. 원거리에서 초정밀 무기로 신속하게 대응한다. 미 육군성 자료(Army Multi-Domain Transformation, 2021.03.16.)에 따르면, 2035년에 발생할 수 있는 중국·러시아와의 대규모 전투 상황에 대비해 MDTF를 창설한다는 것이다. 이 부대를 창설하는 이유는 기존의 미군 부대로는 중국과 러시아의 갑작스런 도발에 제때 대응하기 어렵다고 판단해서다. 미 육군을 2035년까지 적을 압도할 정도로 현대화해서 대규모 군사작전을 수행할 수 있도록 한다는 것이다. 특히 미 육군은 중국군이 2035년까지 공중과 해상, 지상에서 글로벌한 전투력을 행사할 수 있을 만큼 확장한다고 보고 있다. 또한 중국은 2040년까지 가공할 만한 비대칭 전력을 갖추고, 미국과 비등한 군사력을 확보해 결과적으로 국제 질서를 바꾸려 할 것으로 미 합참은 예상하고 있다. 이런 점을 고려해 미 육군은 5개의 MDTF를 창설한다고 지난 4월 13일 밝혔다. 미 본토에 1개, 인도·태평양 지역에 2개, 유럽과 북극해에 각각 1개씩 배치한다. 특히 유럽을 담당할 MDTF는 독일에 배치되는데 2021년 9월부터 곧바로 임무를 시작한다. 부대의 전투력은 단계적으로 확충될 전망이다. 이 부대들의 전체적인 지휘는 4성 장군이 맡는다.

이 부대가 보유하는 무기는 원격 공격이 가능한 시스템으로 구성할 예정이다. 그 가운데 대표적인 무기가 사거리 2,800㎞ 이상인 장거리 극초음속 미사일(LRHW)이다. LRHW는 중국이 도발하면 중국 내륙의 1,600㎞ 이내 표적을 타격한다. 중국이 대만 점령을 시도할 경우 괌이나 태평양에 전개한 함정과 잠수함에서 LRHW를 발사한다. 또 중거리 미사일(MRC)은 사거리가 500~1,500㎞인데 토마호크와 SM-6 미사일을 개량해서 2023년까지 확보할 계획이다. MDTF는 자체 능력으로도 작전을 수행하지만, 해외 미군 및 우방국과 네트워크를 구축해 작전한다. 지난달 한·미 정상회담에서 미국이 한국의 미사일 사거리를 해제한 이유도 유사시에 대비해 한국의 미사일 능력을 키워 놓으려는 전략적 고려도 있었던 것으로 보인다.

동맹·우방국 군대와 협력·지원하기 위해 안보지원여단(Security Force Assistance Brigade: SFAB)도 6개 창설한다. 이 안보지원여단은 이번 나토 정상회의에서 만들기로 한 새로운 전략(나토 2030)과 맥을 같이할 것으로 보인다. 특히 미국이 개발한 새로운 전략과 첨단무기 체계 및 전투 방식을 동맹국에 훈련시키고, 연합작전을 함께 할 수 있도록 돕는 게 이 여단의 임무다. 미국 혼자서 중국 등 새로운 공산주의 세력에 대처하기에는 한계가 있기 때문에 미국을 중심으로 한 자유주의 국가들이 연합해서 효과적으로 대처하자는 차원이다. 이에 따라 주한미군에도 상당한 변화가 예상된다. 안보지원단은 한국군과 일본 자위대와도 연계될 것으로 전망된다.

마지막으로 미 공군은 그동안 추진해 온 해외원정 공군작전과 함께 '신속한 전투 임무 수행 전략(Agile Combat Employment: AOE)과 '허브-앤-스포크(Hub-and-Spoke) 전략'을 준비하고 있다.[5] 그 이유는 중국 공군의 작전 범위가 제1도련선을 넘어 제2 및 제3도련선까지 확장할 것으로 우려되기 때문이다. 특히 중국 공군은 사정거리가 500~5,500km인 다양한 탄도 및 순항미사일 1250기로 미 공군기지를 타격할 수 있다고 보고 있다. 그래서 미 태평양 공군은 미 육군의 고고도 탄도미사일 방어 체계인 사드와 미 공군의 패트리엇(Pac-3), 앞으로 괌 등에 배치될 지상용 SM-3인 Aegis Ashore Air Defense System을 통합해서 운용할 계획이다. 인도-태평양 전구에 속한 동맹국 또는 파트너십 국가의 대공방어 체계와 연동하는 방안도 추진 중이다. 이와 함께 허브-앤-스포크 전략에 따라 괌을 비롯해 한국과 일본 및 오키나와의 공군기지처럼 허브 역할을 하는 복합적인 대형 공군기지(hub)를 다른 곳(spoke)으로 분산 배치해 중국의 미사일 공격으로부터 집중적인 피해를 줄이는 방법을 검토하고 있다. 스포크(spoke) 대상지로는 멜라네시아, 폴리네시아, 미크로네시아, 팔라우 등이 후보로 거론되고 있다고 한다.

이처럼 중국의 도전에 대해 미국을 비롯한 선진 자유민주주의 국가들은 심각하게 생각해 치밀하게 대비하고 있다. 탈냉전 이후 지구상에서 사라졌다고 생각했던 일부 공산주의가 전체주의 형태로 부활하면서 전 세계의 안보를 위협하고 있어서다. 이를 방치할 경우 중국은 한국과 일본은 물론 동남아시아에까지 영향력 확장을 시도할 가능성이 크다. 그런 조짐이 이미 여러 곳에서 나타나고 있다. 최근 미국의 대중국 압박이나, G7 및 나토 정상회의에서의 연합전선 선언은 인간의 기본권과 자유를 지키기 위한 행동으로 봐야 한다.

---

5 Christoper Woody, "The US Air Force's plan to dodge Chinese missiles means new jobs for airmen who keep fighters flying," Insider(2021.05.02.) (2021년 6월 25일 검색)

III. 해양안보 강화를 위한 제언

한반도를 포함한 동아시아에서 일어나고 있는 해양안보 위기는 앞으로 상당한 기간 동안 계속될 것으로 예상된다. 시진핑 주석의 해양굴기에서 시작한 중국의 해양 팽창전략은 장기적으로 한국의 남방 해상수송로를 위협하고, 서해에서 우리의 군사적 및 상업적 해상 활동까지 압박할 가능성이 있다. 더구나 중국의 불법적 해양 팽창에 대응한 미국 중심의 활동에 문재인 대통령이 동조하는 공동성명을 발표한 만큼, 한국에 대한 중국의 횡포가 과거 사드 보복 사례처럼 심화될 소지도 있다. 중국의 해양 팽창에 러시아가 가세하고 있고, 북한 또한 비핵화와 경제 제재 등으로 불리하면 범공산주의 연대에 동참할 가능성도 있다. 따라서 한국은 북·중·러 3국의 위협을 동시에 받을 우려가 없지 않다.

따라서 우선 중국의 군사력 확대와 해양 장악 기도에 대해서도 자유·민주와 인권 등 한국의 헌법적 가치와 국가 이익에 맞는 안보 전략이 요구된다. 문재인 대통령이 바이든 대통령과 공동성명에서 합의한 내용처럼 규범에 기반한 국제 질서를 유지하기 위한 구체적인 준비와 행동이 필요하다. 한국 정부 차원에서 쿼드의 중요성을 인식한다고 밝힌 만큼, 쿼드에 참여하는 것도 중요한 정책이다. 그 일환으로 쿼드의 해상 활동에 한국 해군 함정들을 보내는 방안을 검토할 필요가 있다. 한국 해군이 2012년 7월 중순부터 열리는 탤리스먼 세이버(Talisman Saber) 훈련에 처음으로 참가하기로 한 것도 문 대통령과 바이든 대통령의 합의에 따른 후속 조치로 해석된다. 탤리스먼 세이버 훈련은 미국과 호주의 주관으로 호주 인근 태평양에서 열리는데 일본, 영국, 캐나다, 뉴질랜드 등이 참가한다. 탤리스먼 세이버 훈련은 중국의 강압적인 팽창을 견제하기 위한 자유민주주의 국가들의 대표적인 해상 연합훈련 가운데 하나다. 주한 미국 대사를 지낸 해리슨(Harry Harrison) 제독이 태평양 사령관 시절 "이 훈련이 잠재적인 적들에게 보내는 메시지에 만족한다"고 언급한 적도 있다. 여기서 잠재적인 적이란 중국을 가리킨다.

이런 차원에서 앞으로 건조할 경항공모함 중심의 항모전투단의 국제 해양안보 기여가 기대된다. 한국이 항공모함과 같은 해군력 확충을 통해 적극적인 해양전략을 실현하고, 그 결과로 해양 안보를 지킬 수 있다는 것이다. 이와 함께 자유민주주의 국가들과 연대해 동아시아 또는 동북아의 자유롭고 평화로운 해양안보를 유지할 수 있는 새로운 국제 규범이나 국제 체제를 검토하는 것도 대안 가운데 하나다.

중국과 북한을 비롯한 주변의 잠재적인 적에 대비한 미사일 능력 확충도 필요하다. 5월 21일 한·미 정상회담에서 '한·미 미사일 지침'을 종료했다. 이에 따라 한국은 탄도미사일 개발과 확보에 사거리 제한을 받지 않게 됐다. 기존의 사거리 800㎞에서 벗어나 최소한 4,000~5,000㎞급 중거리 탄도미사일은 물론, 한국의 군사기술로 극초음속 미사일까지 개발할 수 있게 됐다. 한국이 현재로선 핵탄두를 장착할 수는 없지만, 2t 이상의 초대형 탄두를 수천 ㎞ 밖에서 수m 이내에 투하할 수 있는 기술을 보유하고 있다. 이런 미사일 기술을 활용하면 서해에는 물론 동중국에서 한국의 함정이나 상선을 위협하는 타국의 함정에도 대응할 수 있다. 미국이 지난 5월 21일 한·미 정상회담에서 한국에 대해 적용해 온 미사일 지침을 전면 해제한 것도 장기적으로 중국을 견제하기 위한 의도가 있는 것으로 보인다. 트럼프 전 미 대통령이 중거리 핵전력조약(INF)에서 탈퇴한 이후 동아시아에 중거리 미사일을 배치하려는 시도가 있었지만, 실제로는 한국과 일본 등에서는 반대하는 분위기가 있었다. 그래서 한국에 적용해 온 미사일 지침을 전면 해제함으로써 한국 스스로 중거리 탄도미사일을 개발할 수 있게 됐고, 중국의 안보적인 위협이 커질 경우 한국은 자체 개발한 중거리 탄도미사일로 중국을 견제할 수 있는 능력을 갖출 수 있게 된 것이다. 따라서 이런 미사일 강점을 적극 활용할 필요가 있다.

이와 함께 중국과 북한의 탄도미사일과 극초음속 미사일 위협에 한·미·일이 함께 대비하는 것도 시급하고 중요한 일이다. 당장은 북한의 탄도미사일 위협부터 위기가 시작될 소지가 있겠지만, 중·장기적으로는 중국의 안보적 영향력이 확대할 경우에는 중국의 탄도미사일도 한·미·일 3국에 공동 위협이다. 더구나 주한 및 주일 미군과 서태평양에 배치된 미군은 모두 작전적 차원에서 연계돼 있다. 그래서 중국과 북한의 탄도미사일은 그러한 작전적인 연계고리를 끊기 위한 군사적인 행동을 시도할 소지도 배제할 수 없다. 따라서 중국과 북한의 미사일을 방어하려면 한·미·일 세 나라의 미사일 방어 체계가 실시간으로 연동돼야 한다. 미국 또한 그러한 문제점을 인식해 사드(고고도 미사일 방어 체계)와 패트리엇, 이지스함에 배치된 미사일 방어 체계(SM-3)를 연동하는 방안을 추진 중이다. 이를 위해서는 우선 한국과 일본의 군사정보보호협정(GSOMIA)이 정상적으로 작동해야 한다. 또한 GSOMIA의 정상화를 통해 세 나라의 군대가 각종 군사정보를 실시간(real time)으로 주고받을 수 있는 정보 교류 시스템을 조속히 구축할 필요가 있다. 이 모든 것은 국제 질서를 유지하기 위해 해양에서 견제와 균형 차원에서다. 마지막으로 한국이 자유롭고 개방된 해양 유지에 역할을 하기 위해서는 해양 감시 능력 확보가 필수이므로, 해양을 감시할 수 있는 정찰위성과 장거리 무인정찰기를 더 많이 확보해야 한다.

미·중 충돌과
양안 관계

공유식

Ⅰ. 양안 관계의 변화

　금년 5월 22일에 있었던 한·미 정상의 공동선언에서 양안 관계가 언급됐다. 6월 13일에 있었던 G7 정상회의 공동선언에서도 양안 문제가 언급됐다. 과거 국제무대에서 대만 문제에 대해 이렇게 많이 언급된 적은 거의 없었다. 이는 미·중 간의 갈등에 기인한다. 과거에 미국은 대만 문제에 대해 전략적 모호성을 견지하며 중국의 역린을 건드리지 않았으나 현재 많은 국제무대에서 중국 때리기에 여념이 없고, 그중 주요 이슈가 대만 문제이다. 중국도 이에 대해 여러 방면에서 미국에 반격하고 있다.

　대만이 중국에 대해 개방하기 시작한 1987년 이후 대만과 중국은 본격적으로 교류를 시작했고, 양안 관계는 새로운 시기로 접어들었다. 1980년대 초에 중국이 일국양제의 모델과 함께 평화 통일을 이야기했고, 대만은 3불정책[1]

의 재천명으로 이에 응답했다. 하지만 대만은 1990년대 계엄 해제 이후 새로운 통일강령을 발표하면서 양안 관계는 새로운 국면으로 접어들었으며 그 결과물이 92공식(共識)이다. 92공식이란 1992년 대만의 해협양안기금회의 꾸쩐푸(辜振甫)와 중국 해협양안협회의 왕따오한(汪道涵)이 싱가포르에서 열린 회담에서 합의한 내용이다.[2] 하지만 양안 관계는 대만의 민주화 과정 속에서 대만 독립의 요소가 영향을 끼치기 시작하며 우여곡절을 겪어 왔다.

양안 관계에 영향을 미치는 요소는 여러 가지다. 첫 번째는 대만의 국내 정치적 요인이다. 독립을 추구하는 민진당이 2000년과 2016년 두 차례에 걸쳐 집권을 하면서 양안 간의 갈등이 첨예화됐었다. 두 번째는 중국의 국내 정치적 요인이다. 중국의 국내 정치 상황은 커다란 부침이 있지는 않지만, 시진핑 집권 이후 시진핑 영도 체제가 강화되면서 대외 관계에 대해 강경 노선을 취하기 시작했고, 홍콩과 대만에 대해서도 통일에 대한 강한 드라이브를 걸고 있어 양안 관계의 악화 요인이 되고 있다. 세 번째는 국제 정치적 요인이다. 특히 중·미 관계가 악화되면서 미국은 대만을 지원함으로써 중국을 자극하고 있다. 특히, 현재는 대만을 둘러싼 두 강대국의 충돌이 양안 관계를 악화시키는 요인으로 작용하고 있다. 중국도 현재의 대만 문제의 현안은 대만의 독립 문제보다 미국과 대만 관계에 있다고 판단하고 있다고 한다. 그리고, 미·중 충돌이 첨예화되면서 대만해협에서의 군사 충돌 가능성도 제기되고 있는 상황이다. 본문에서는 이러한 미·중 간의 양안 관계에 어떠한 영향을 미

---

1 3불정책이란 중국과는 접촉도, 협상도, 타협도 하지 않는다는 국민당 정부의 기본 원칙을 말한다(불담판, 불접촉, 불타협).
2 이날 있었던 합의는 기본적으로 중화민국과 중화인민공화국은 '하나의 중국' 원칙에 동의한다는 것이다. 하지만 이 '하나의 중국'의 개념에 대해 중국공산당과 중국국민당의 해석은 다르다. 중화민국은 '미래의 중국'으로 모호한 개념이고, 중화인민공화국은 당연히 중화인민공화국을 말한다. 그래서 이것을 '일중각표(一中各表)'라고도 한다. 민진당은 하나의 중국을 부정하고 92공식은 일국양제와 같다고 주장한다.

치는지에 대해 고찰해 보고, 이것이 우리에게 어떠한 시사점을 주는지에 대해 살펴보겠다.

Ⅱ. 미국의 대만 정책 변화: 전략적 모호성에서 전략적 명확성으로

미국과 중국이 충돌하기 이전 미국은 대만에 대해 전략적 모호성을 유지하고 있었다. 미국은 중국과 수교를 하고, 상하이 코뮤니케 등 세 차례에 걸친 공동성명을 통해 하나의 중국을 존중한다는 원칙을 밝히면서도 한편으로는 대만관계법을 의회에서 통과시켜 대만에 대한 군사 개입의 가능성을 열어놓는 등 이중적인 자세를 보였다. 대외적으로는 하나의 중국 원칙을 존중한다고 항상 얘기하지만 유사시에는 대만을 보호해 줄 책임이 있다는 것도 공공연히 말했다.

하지만, 미·중 충돌이 격화되기 시작한 트럼프 시기부터는 하나의 중국 원칙을 침범하기 시작했다. 미국은 중국의 가장 아픈 곳이라고 볼 수 있는 주권 문제, 특히 남해 문제, 대만 문제에 대해 중국의 신경을 건드리는 정책을 폈다. 특히 대만에 대해 적극적인 정책을 폄으로써 중국을 확실하게 자극했다. 미국의 대만에 대한 안보 우산을 더욱 강화해서 트럼프 재임 기간 중 대만에 아홉 차례나 무기 수출을 했고, 2018년에는 대만여행법을 발표해 미국 공무원들의 대만 방문을 허용했다. 2019년에는 대만보호법을 발표했고, 이에는 미국이 중화민국이 세계 각국 간의 실질적인 외교 관계 증진을 지원하는 내용, 미국이 중화민국의 국제적 지위 확립을 지지하는 내용이 담겨 있다. 그리고 상징적이기는 하지만, 주타이베이(駐臺北) 미국대표부의 경비를 미국

해병대에 맡기기도 했다.

　바이든 당선 이후에도 이런 기조는 변화를 보이고 있지 않다. 대만 방문단에 이전 정부의 고위직에 있던 인사들을 보내어 대만을 중시한다는 메시지를 보여줬고, 바이든 취임 이후 미국은 수시로 대만해협에 함대를 파견해서 대만에 대한 보호의 의지를 보여주기도 했다. 이렇듯 트럼프 대통령 이후 바이든까지 미국의 대중국 기조의 변화는 대만해협 정세의 변화에도 영향을 끼쳐 미국의 대대만 정책도 그동안의 전략적 모호성에서 전략적 명확성으로의 전환을 뜻한다고 볼 수 있다.

III. 중국의 대만에 대한 압박: 강온 양동작전

　중국은 미국의 이러한 전략적 명확성에 대해 직접적으로 반발하고 있다. 이는 중국이 일관되게 주장하는 하나의 중국 원칙에 어긋나기 때문이다. 하지만 직접적인 행동보다는 대만에 대한 압박으로 중국의 불편한 심기를 드러냈다. 중국의 대만에 대한 압박은 문공무혁(文攻武嚇)이라는 말로 대표되는 정치적·군사적 압박이다. 그러면서도 사회적·경제적으로는 오히려 호의를 보여주는 강온 양면의 전략을 구사하고 있다.

　정치적인 압박은 주로 언어적 위협(文攻)이다. 2005년 발표한 반국가분열법에서 중국은 대만이 독립을 선포하거나 외세가 개입하면 비평화적 수단도 불사한다고 발표했다. 이는 대만 문제에 대한 무력 사용의 기준을 재천명한 것이다. 이렇듯 중국은 대만에 대해 무력 사용도 배제하지 않는다는 언어적 협박을 수차례 반복했다. 비록 간접적이긴 하지만 홍콩에 대한 탄압은 대만에 대한 위협으로 작용하고 있다. 특히 홍콩판 국가보안법의 통과는 그 대상이 홍콩 사람들뿐만 아니라 중국의 정책에 반하는 외국 사람도 대상으로 하고 있고, 특히 대만 사람들은 이를 대만에 대한 위협으로 생각하고 있다.

군사적인 압박(武嚇)으로는 1995년 대만해협에서의 대규모 군사훈련으로 대만을 위협했고, 이후에도 군사 연습 시 대만해협의 상황에 대한 실탄 연습으로 대만에 대해 무력 시위를 했다. 또한, 수시로 대만의 방공식별구역을 침범하며 도발하고 있다. 특히 민진당이 재집권한 2016년 이래로 중국의 대만 영공에 대한 침범은 더욱 잦아지고 있다. 이는 대만뿐만 아니라 미국에 대한 경고라고 볼 수 있다.

이러한 군사적 압박 이외에 외교·경제적인 압박도 병행하고 있다. 외교적 압박으로는 대만의 국제적인 공간을 점차 축소시키는 데 목적이 있다. 차이잉원(蔡英文) 집권 시에는 대만의 수교국이 20개국이었으나 현재 15개국으로 줄었다. 중국과 외교전쟁에서 패한 것이다. 이 밖에도 대만 출신 해외 범죄자의 중국으로의 인도 문제, 국제 운동경기에서 대만의 명칭 문제 등 대만의 주권 영역을 적극적으로 압박하고 있다. 특히 코로나19 이후 대만이 참여하고 있는 각종 국제기구에 압력을 넣어 '대만'이라는 이름으로 그 기구에 참여하지 못하게 하고 있다. 특히 세계보건대회(WHA)에 대만이 옵서버로 참가하려 하고 있지만 중국의 반대로 참여하지 못하고 있다. 최근에는 대만의 파인애플 금수 조치를 취하는 등 경제적인 압박 수단도 취하기 시작했다.

이러한 압박은 기본적으로는 '하나의 중국' 원칙을 기준으로 삼고 있다. 중국은 하나의 중국 원칙을 중국의 주권 문제로 인식하고 '핵심 이익' 영역에 포함시키고 있다. 그러므로 이를 침범하는 문제는 중국의 주권을 침범하는 것으로 타협의 대상이 될 수 없다는 입장이다. 대만에 대한 압박 등 모두 하나의 중국 원칙에 저촉된다고 생각하는 부분을 압박하고 있는 것이다.

중국이 대만에 대해 압박만 한 것은 아니다. 주로 경제·사회 영역이지만 회유책도 동시에 사용하고 있다. 중국은 경제 영역에서 주로 '대만 우대정책'이라는 표현을 사용한다. 대만에 대해 베푼다는 뜻이며, 이미 다른 위상에 있음을 암시하기도 한다. 첫 번째 대만 우대정책은 아무래도 ECFA(양안경제협력기본협정)를 들 수 있다. 이는 마잉주(馬英九) 총통이 당선된 이후 후보 시절부터 주창해 온 양안공동시장에 대한 중국의 응답이라고 할 수 있다. 이것은 대만 우대정책의 일환이기도 하지만 쌍방에 다 이익이 될 수 있는 협정이다. 이것이 가능할 수 있었던 것은 마잉주 정부가 92공식을 받아들였기 때문이다. 중국은 ECFA를 순수경제적 목적보다는 대만에 대한 경제적 통일전선의 일환으로도 여기고 있다. 그리고 이와 더불어 3통(通航, 通商, 通郵)의 협상도 마잉지우 정부 때 타결됐다. 마잉주 정부는 92공식을 인정한다고 했기 때문에(비록 해석에는 중국과 차이가 있지만) 중국은 대만과의 경제협력을 적극적으로 추진했다. 이와 더불어 외교 휴전을 내세워 대만이 국제 사회에서 활동하는 것에 대해 적극적인 방해는 하지 않았고 대만도 수교국 수를 늘리려는 노력을 하지 않았다. 하지만 2016년 이후 민진당 정부 들어선 이후 정치 관계가 악화되자 중국은 대만의 국제 사회 활동은 여러모로 방해했지만, 2018년 대만 우대 31조(惠台31項), 2019년 대만 우대 26조(惠台26項), 2021년 5월의 대만 기업 우대 11조(對臺11項) 등은 경제 영역에서 대만을 우대하는 정책을 지속적으로 전개하고 있다.[3] 이러한 우대정책들은 대만에 대해 정치적으로는 압박하지만, 경제적·사회적으로는 지속적으로 교류하고 대만 국민들에게는 적대적이지 않다는 것을 보여주려는 의도를 갖고 있다. 이는 대만 정책에서

---

[3] 31조는 주로 개인과 서비스업에 대한 우대정책이고, 26조는 기업과 청년 창업에 대한 우대정책이 주를 이룬다. 대대만 11조는 중국에 투자한 대만 기업들에 대한 우대정책이다.

정치(정부, 특히 민진당정부)와 국민을 갈라놓으려는 의도다. 후진타오(胡錦濤) 시기에는 대만 인민에게 희망을 건다는 표현으로 정부와 민간을 분리해서 대응하는 원칙을 보여줬고, 시진핑(習近平) 시기에는 피를 나눈 동포라는 표현으로 대만 민간의 민족의식에 호소하는 등, 동족의식을 가진 민간에게 민족주의로 접근하는 방법으로 정부와 민간을 이간하려고 했다.

IV. 대만의 딜레마: 미국에 올인? 헤지?

미·중이 충돌하는 가운데 대만의 입장은 명확하다. 확실하게 미국의 안보 우산 아래 있어야 대만의 안전이 보장된다는 것이다. 사실 이것은 냉전 시기부터 현재까지 일관된 대만 정부의 입장이다. 약소국으로서 힘의 균형 사이에서 확실하게 한쪽을 선택해 안전을 보장받으려는 태도다. 하지만, 1990년대 대만 기업이 중국에 투자하고 중국과의 교류가 확대되면서 대만의 입장은 조금 바뀌었다. 특히 마잉주(馬英九) 정부 시기(2008~2016) 중국과 관계 개선이 이뤄지면서 경제는 중국, 안보는 미국이라는 헤지(hedge) 전략으로 바뀌었다. 하지만 민진당 정부에 들어서면서 다시 경제, 안보 다 미국에 의존하는 올인(all in) 전략으로 돌아섰다. 이는 미·중 충돌하에서 미국을 선택하는 것이 대만의 이익에 더 부합된다고 판단한 것이다. 최근의 대만 경제, 특히 반도체 특수는 이를 입증할 수 있는 증거라고 볼 수 있다. 또한 민진당의 궁극적인 목표는 대만 독립에 있으므로 반중친미는 피할 수 없는 선택이라고 볼 수 있다. 민진당 정부는 친미, 친일정책을 입증이라도 하듯 일본에서의 농산물 수입, 미국에서 유전자 조작 소고기의 수입 등 일련의 정책을 전개했다.

대만은 중국에 대해 명확히 반중(反中)을 외치지는 않지만, 항상 중국과 대등한 관계에서 대화하려는 자세를 유지하고 있다. 그렇기 때문에 중국은 당연히 민진당 정부와는 접촉을 하지 않고 있다. 하지만 민진당은 국내 정책에서 점차 '중국'적 요소를 배제함으로써 대만의 민족주의적인 정서를 자극하고, 그에 대한 반작용으로서 '반중' 정서가 더 강해지고 있다. 차이잉원(蔡英文) 1기 집권 시 내정의 실패로 2018년 지방선거에서 실패하고, 2016 총통선거에서도 선거운동 초반에는 국민당의 한궈위(韓國瑜) 후보에게 밀렸으나 홍콩 사태로 인한 반중 정서의 고조로 겨우 역전해 재집권에 성공했다. 홍콩 사태로 인해 대만 내에서 '홍콩의 현재는 대만의 미래'라는 인식이 설득력을 얻으며 중국에 대한 반감은 더욱 심화되고 있고, '92공식은 곧 일국양제'라는 민진당의 구호가 대만 국민들에게 받아들여졌다. 현재 민진당은 이를 기반으로 독립 지향적인 정책을 추진하려 하고 있다.

하나의 중국을 주장하는 중국과 하나의 국가로서 인정받으려는 민진당 정부와의 갈등은 코로나19 사태 때에도 일어났다. 대만에서는 초기에 우한 폐렴이라는 이름으로 코로나19의 원흉을 중국이라고 강조했고, 전 세계적으로 코로나19로 명명할 때까지 지속됐다. 또한, 코로나 초기 우한(武漢)에 있던 대만인들을 귀국시키려는 전세기의 운영에서 주체의 문제로 중국과 갈등했고, 대만의 델타변이로 코로나 사태가 갑자기 악화되자, 중국의 백신 제공 제의를 민진당 정부는 일말의 고려도 하지 않고 거절하고 있고, 오직 미국에서의 수입과 자체 생산의 성공에만 기대고 있다.

하지만 대만의 현재 입장이 일방적인 친미반중만으로 평화를 보장받을 수 있을까? 코로나19 사태로 인해 현재 중국과의 교류가 제한돼 있고, 백신이나 여러 가지 이유로 일시적으로는 친미반중이 효과를 보고 있지만, 코로나19 이후까지 이 효과가 지속될지는 미지수다.

현재 코로나19 정국에도 불구하고 대만의 대중국 경제 교류는 지속되고 있고, 무역 총액은 최근 10년 동안 전혀 줄지 않고 있다. 향후 미·중 간의 충돌, 특히 경제 갈등이 어떻게 전개될지 알 수 없으나 중국과의 경제의존도가 그리 줄고 있지 않은 상황에서 미국에 경제와 안보를 모두 의존할 경우 과연 그 위기가 적을 것이라고는 장담할 수 없다.

또 하나의 문제는 안보 위기다. 민진당 정부는 현재 여러 각도에서 대만의 독립에 대한 가능성을 가늠 중인 것으로 보인다. 최근에는 헌법 개정 문제까지 거론되고 있다. 대만, 특히 민진당 정부가 미국과의 관계를 이용해 독립의 길로 가려 한다면 중국은 그동안 표방한 바가 있기 때문에 무력 사용도 불사할 것이다. 어느 수준까지의 무력 충돌일지는 모르겠지만 현재의 국제 정세와 중국의 정치 상황을 볼 때 중국의 무력 사용 가능성을 전혀 배제할 수 없다. 이는 현재 야당인 국민당의 우려이기도 하다.

미국이 언제까지 대만을 지지할 지도 미지수다. 미국이 지금은 전략적 명확성을 보여주고는 있지만 대만해협에서 유사시 과연 정말로 대만을 도와줄 것인가에 대해서는 많은 사람이 회의적이다. 특히 군사적인 지원에 대해서는 부정적이기도 하다. 군사 충돌까지 가기에는 미국도 부담이 크다고 할 수 있다. 최근에 미국에서 대만의 독립을 지지하지 않는다는 말이 나오고 있는 것도 이런 회의를 갖게 하는 요인 중 하나다.

V. 양안 관계의 전망과 한반도 관계에 대한 시사점

미·중 관계는 이미 충돌과 경쟁, 견제 관계로 발전하고 있다. 그리고 그 주된 전장은 바로 동아시아다. 남북한 문제, 양안 관계, 남해 문제 등은 미국과 중국의 주된 전장이 되고 있다. 특히 양안 관계는 다른 문제들에 비해 이해당사자가 단순하다. 그러므로 향후 미·중의 경쟁은 대만을 둘러싸고 벌어질 확률이 상당히 높다고 할 수 있다.

미국도 바이든 정부가 기본적으로는 트럼프 시대의 반중 기조를 이어 나가고 있지만 트럼프의 '오로지 미국(only America)'에서 '미국이 돌아왔다(America is Back)'로 바뀌었으며, 국제기구에 적극 참여하고 다자간의 협력을 통해서 중국을 압박하는 정책에 과연 대만이 참여하게 될지도 알 수 없다. 결국 양안 관계의 개선 여부는 미국과 중국의 갈등 완화 여부가 가장 큰 변수이고, 그다음으로는 중국과 대만의 국내 정치 구조 변화 여부라고 할 수 있다.

한반도의 정세도 양안 관계와 같이 미·중 충돌의 영향을 받고 있다. 사실 양안이나 한반도나 냉전시대에는 자본주의 체제와 사회주의 체제의 충돌의 최전선이었고, 탈냉전시대에는 신흥 강국 중국과 미국의 충돌에서도 최전선에 서 있다.

현재 미·중 갈등 속에 동북아 지역에서 일본은 미국과 이익을 공유하고 있고, 러시아는 중국과 한편에 서고 있다. 남북한은 현재 각각 미·중 사이에서 각자의 이익을 저울질하고 있다. 미국이 전략적인 모호성을 취하던 시기에는 양안 관계가 그리 긴장되지 않았다. 하지만 전략적 명확성을 띤 지금 양안 간 무력 충돌의 위기가 높아지고 있다. 대만은 미·중 갈등에서 헤지가 아닌 전면적인 친미를 선택했다. 이런 상황에서 만에 하나 대만해협에 비평화적 사태가 발생한다면 우리에게도 아주 힘든 선택이 주어질 가능성이 있다. 사실 한반도는 미국과 동맹 관계이지만 현재 한국의 상황은 북한 문제라는 변수가 하나 더해져 있기에 전면적인 친미는 힘들다. 경중안미(輕中安美: 경제는 중국, 안보는 미국)라는 전략도 지금은 쉽지 않은 상황에서 대만해협에 문제가 생긴다면 우리는 과연 어떻게 해야 할까? 선택이 쉽지는 않을 것이다. 하지만 선택을 해야만 하는 상황이 온다면, 아니 선택하기 전에 우리의 원칙을 먼저 설정해야 한다. 어떤 분쟁도 비평화적 수단만은 반대한다는 원칙과 대화로 해결해야 한다는 기본 원칙을 천명하고, 그 원칙에 따라 우리의 중심 이익(중국이 말하는 핵심 이익)은 어떻게 되는지 면밀히 검토한 다음에 우리의 행동준칙을 정해야 할 것이다. 그래야만 선택의 기로에서 우리의 이익을 최대화하고 피해를 최소화할 수 있다고 생각한다.

인권:
미·중 충돌의 새로운 전장

차두현

Ⅰ. 현황

2019년의 홍콩 민주화 시위 이후 인권 문제는 미·중 간 입장이 첨예하게 대립하는 새로운 영역으로 부상하고 있다. 2020년 미국은 중국의 「홍콩 보안법」 이후 홍콩 시민들에 대한 중국의 탄압을 인권과 정치적 자유에 대한 침해로 규정해 이를 규탄해 왔고, 2021년 5월에는 위구르 지역에서의 종교 박해와 관련, 이 지역이 '창살 없는 감옥(open-air prison)'이 돼 버렸다고 비난했다.[1] 2021년 이후 국제 사회의 또 다른 인권 분야 쟁점이 되고 있는 미얀마 사태와 관련해서도 양측의 입장은 팽팽히 대립하고 있다. 화춘잉(华春莹) 외

---

[1] 미 국무부의 위구르 지역 인권 탄압에 대한 규정과 관련해서는 "U.S. calls Xinjiang an 'open-air prison,' decries religious persecution by China," Reuters (March 13, 2021) 참조.
https://www.reuters.com/world/us-calls-xinjiang-an-open-air-prison-decries-religious-persecution-by-china-2021-05-12/. 최초 검색일, 2021.05.30.

교부 대변인은 4월 2일자 브리핑에서 UN 안보리의 미얀마 규탄 성명과 관련, "국제 사회는 내정 불간섭이라는 기본 원칙을 견지하면서 미얀마의 정치적 화해에 유리한 환경을 조성해야지 함부로 참견하거나 압박해선 안 된다"는 논리를 전개했다. 반면, 미국은 미얀마에서의 군부 쿠데타 항의 시위에 대한 미얀마 군부의 탄압을 강력히 비판하면서 미얀마에 대한 국제적 제재를 시도해 왔다. 중국과 러시아는 실질적 조치에 대해서는 거부권을 행사하겠다고 위협함으로써 이를 저지하고 있다.

II. 더욱 뜨거워질 인권 논쟁

1. 확장돼 온 '인권' 개념과 인권 외교

'인권 외교'는 외교 용어상 공통적으로 통용되는 용어는 아니며, 독립된 외교의 분야로 보기는 힘들다. '인권 외교'는 이러한 점에서 새로운 분야로서보다는 한 국가의 외교 활동의 주요 지향점(어떠한 가치를 추구하는가)이나 수단에 가깝다. 외교부의 경우 '인권 외교'의 영역에 속하는 것으로 순수한 인권 외교와 민주주의 증진 외교의 두 가지를 포함하고 있다.[2] 전자가 양성평등(gender equality), 아동/장애인 등 사회 취약계층의 권리 신장, 인종/종교 등으로 인한 차별 및 억압의 철폐 등을 지향한다면, 후자는 주로 국가를 구성하는 개인의 정치적 권리와 자유의 보호를 의미한다.

앞서 지적한 바와 같이 미·중 간의 전략 경쟁에서도 인권 외교는 유용한

---

2 이에 대해서는 외교부 홈페이지의 '인권 외교' 항목을 참고할 것.
https://www.mofa.go.kr/www/wpge/m_3819/contents.do

수단으로 활용되고 있다. '인권'과 '인도주의'의 중요성은 이미 20세기부터 강조해 온 것이기는 하지만, 21세기 진입을 전후해서 이에 대한 국제적 접근이 바뀌고 있음에 주목할 필요가 있다. 우선, 개인의 자연적 존엄성에 대한 보호를 넘어 정치적 권리의 보장으로 확대되고 있다. 또한, 인권 침해가 의심되는 국가의 침해 사례를 지적하고 개선을 촉구하는 데에서 한 걸음 더 나아가 이에 대한 구체적 책임(responsibility)을 규명하는 방향으로 변화하고 있다. 즉, 한 국가의 정부나 개인에 대해 인권 유린에 대한 책임을 묻는 쪽으로 국제 규범이 강화되고 있다. 이는 2002년 인종 청소, 대량 학살 등 비인도적이고 반인권적인 행위를 저지른 개인 혹은 집단을 처벌하는 국제형사재판소(International Criminal Court: ICC)의 설립에서도 잘 나타난다. 인권 문제의 제기 방향이 인간의 의·식·주의 해결이나 재해·재난으로부터의 구호, 사회적 차별의 철폐를 넘어 정치적 권리의 보장을 강조하기 시작했으며, 위반 행위에 대한 비판 및 압력 역시 강화되는 것이 추세다.

2. 중국 체제의 아킬레스건, 인권

중국이 '민주주의 증진 외교'에 민감하게 반응하는 것도 이 때문이다. 순수한 인권 외교의 경우 어느 국가나 어두운 측면이 있으며, 미국의 '흑인의 목숨도 소중하다(Black Lives Matter: BLM) 운동'에서 나타나는 바와 같이 어느 국가도 순수한 인권 훼손으로부터 완전히 자유롭지 못하다. 그러나 민주주의의 후퇴 혹은 권위주의 강화로 인한 인권의 훼손 부분은 그 차원이 다르며, 억압을 제도화하는 체제에 대한 비판과 공격을 불러오기 때문이다. 사회주의가 추구하는 '민주적 중앙집중제(democratic centralism)' 자체가 일단 방침이 정해진 이후에는 개인적 자유보다는 집단의 이익이 중요하다는 논리를 내세우고 있기 때문이다. 이로 인해 선거 부정, 언론 자유 훼손, 정치적 항의의 억압, 정치적 반대 세력에 대한 적대행위, 중앙에 의한 정보통제 등의 정치적 인권 훼손 등이 미국 등의 자유주의 국가들에 비해서는 훨씬 심각하게 나타나는 것이 사실이다.

3. 보편적 가치와 '내정 불간섭' 원칙의 충돌

'인권 외교'에 대해 중국이 내세우는 것은 각 국가의 '주권 존중'과 '내정 불간섭'이다. 1648년의 베스트팔렌조약 이후 정립된 근대 주권의 개념에 입각할 때, 한 국가의 자기 운명에 대한 결정권은 존중받아야 하며, 타국이 강압이나 여타의 부당한 방법을 통해 이에 영향을 행사하는 것은 바람직하지 않다는 국제적 관행과 규범이 자리 잡아 왔기 때문이다. 문제는 '내정 불간섭'에 대한 중국 자체의 기준도 일관성을 결여하고 있는 경우가 많다는 점이다. 앞서 언급한 미얀마 사태와 관련, 중국은 화춘잉 대변인의 브리핑과는 결이 다른 입장을 표명한 적이 있다. 군부 쿠데타에 대해 미얀마 시민들의 항의 시위가 격화되기 시작한 사태 초반 현지 중국 기업에 대한 방화사건이 발생하자,[3] 중국은 이를 해결해 달라고 미얀마 경찰에 협조를 요청했다. 중국과 미얀마 군부의 관계를 감안할 때 이는 단순한 이해 상관자의 항변을 벗어난 압력으로 해석될 수도 있는 일이었다. 그러나, 자오리젠(趙立堅) 외교부 대변인은 3월 15일자 브리핑을 통해 내정 간섭이 아니라는 입장을 표명한 바

---

[3] 이러한 방화는 미얀마 군부를 중국이 지원하고 있다는 인식, 중국 기업들이 미얀마에서 막대한 부를 착취하고 있다는 반감에 따른 것이었다.

있다. 중국은 위구르-신장에서의 인권 유린, 홍콩 민주화 시위 등에 대해서도 '내정 불간섭'이라는 논리를 지속 견지함으로써, 인권 외교에 대항하는 무기로 '주권 존중'과 '내정 불간섭' 원칙을 활용해 왔다.

'내정 불간섭 원칙'은 국가는 타국의 국내 문제에 대해 간섭(개입, intervention)하면 안 된다는 원칙이며, 국제연합(UN) 역시 이 원칙을 받아들이고 있다. UN헌장 제2조 1항은 '주권 평등'의 원칙을 제시하고 있으며, UN헌장 제2조 7항 역시 내정 불간섭 원칙을 반영하고 있다. 그러나, '내정' 즉 '국내 문제'란 것 자체가 고정된 정의(定義)를 가진 것이 아니고, 유동적이며 가변적인 개념으로 최근 국제 사회가 발달하고 국가들 간의 관계가 긴밀해짐에 따라 다른 국가들의 관여나 간섭이 정당화될 수 있는 범위가 늘어나고 있다. 즉, 한 국가의 행위가 다른 국가의 이익에 영향을 미치거나 국제적 공분이나 우려를 유발할 경우, 한 국가의 '내정'에 속하는 사항이라도 국제 사회가 개입해야 한다는 논리다. 즉, '내정 불간섭' 원칙이 모든 원칙에 우선하는 것은 아니며, UN헌장 제2조 7항에서 명시적으로 언급하고 있는 예외는 "국제 평화와 안전을 파괴하거나 위협하는 경우"에 적용되는 UN헌장 제7장에 의한 강제조치가 있는데, 다른 국가를 침공하거나 무력 공격을 가하는 행위가 이에 해당한다. '내정 불간섭' 원칙의 또 다른 예외가 인도주의적 문제다. 과거 이 인도주의적 지원의 문제는 주로 실패한 국가나 무정부 상태에 있는 국가에서 기본적인 인간 존엄성의 훼손(의식주 자체의 결핍)을 막기 위해 중요시됐다.

주목할 만한 것은 인도주의적 지원의 범위가 넓어지고 있다는 점이다. 즉, 순수한 인권의 유린뿐만 아니라 정치적 자유의 훼손을 인도주의적 문제로 바라보는 시각이 2000년대 이후 부각됐다. '보호책임 원칙(Responsibility to Protect: R2P)'은 일반적으로 기능하는 국가나 정부에 대해서도 국제 사회가 개입할 수 있다는 원칙을 도입한 대표적 사례다. R2P는 한 국가가 정부 차원에서 대량 학살과 같은 심각한 인권 침해를 자행할 경우, 국제 사회가 인권 보호를 위해 무력 사용을 포함한 인도적 개입을 할 수 있다는 원칙으로, 2001년 UN 산하 '개입과 국가 주권에 관한 국제위원회(International Commission on Intervention and State Sovereignty: ICISS)'에서 처음 정립됐다. 이 원칙이 최초로 적용된 것이 2011년 리비아 사태였으며, 같은 해 코트디부아르 소요 사태에서도 R2P가 발동됐다. 그러나 R2P는 이 두 건을 제외하고는 유사한 사태인 시리아 내전과 예멘 내전에는 적용되지 못했는데, 중국과 러시아가 거부권을 행사했기 때문이다.

'내정 불간섭'은 원래 개별 국가의 주권을 존중하고 독립성을 보장하기 위해 확립된 것이나, 최근에는 권위주의 국가들의 인권 탄압에 대한 국제적 개입을 막는 데 악용되고 있다. 특히, 부정 선거, 언론 탄압, 정보통제, 정치적 반대파 탄압 등의 비민주적 행태를 자행하는 국가들의 경우, 유사한 다른 국가들에 대한 인도적 개입이 자국의 체제 자체를 위협할 가능성을 우려한다. 미·중 전략 경쟁에서 전개되고 있는 '인권 외교' 역시 사실은 체제 특성을 겨냥한 싸움이다. 미국이 바이든 행정부 출범과 함께, '민주주의 연대(Coalition of Democracies)'를 강조하고 있는 것 역시 권위주의 국가에 대한 정치적 인권의 훼손에 공동으로 대응해 나가겠다는 의지의 표현이라고 볼 수 있다. 유럽연합(EU)은 이미 2020년 'EU의 세계적 인권 위반 제재 레짐(EU Global Human Rights Sanctions Regime)'을 출범시켰고, 인권 위반에 대한 국가들에 대해 ① EU 회원국 내 자산 동결, ② 출입국 금지, ③ 이들에게 직간접적 자금 제공 행위 금지 등의 불이익을 가할 것이라고 공언했다. 또한, 2021

년 3월에는 이에 입각해 중국, 리비아, 남수단, 러시아, 에리트리아와 함께 북한의 인권 유린 단체 및 개인에 대한 제재 조치를 발표했다.

III. '인권 외교'와 '글로벌 코리아' 딜레마

이러한 추세는 한국의 입장에서도 적지 않은 딜레마를 안겨준다. 우선, '인권 외교'와 남북한 관계상의 상호 체제 인정이라는 자칫 모순된 과제를 어떻게 조정해 나갈 것인가의 과제가 제기된다. 둘째, 좀 더 포괄적으로는 한·중 간의 전략적 협력 동반자 관계를 훼손하지 않으면서도 신장 위구르, 그리고 홍콩 등지에서의 인권 유린 문제에 대한 대응이 수위를 어떻게 결정할 것인가의 과제다. 셋째, 인권 유린을 자행한 국가들과 거래를 하게 될 기관이나 단체에 대한 '세컨더리 보이콧(secondary boycott)' 적용 위험을 고려해야 한다. 정부가 인권 유린 국가와 직접적으로 협력하지 않더라도 인권 유린 대상과의 민간 거래가 우리 기업과 개인에 피해를 줄 수 있는 시대가 됐다. 이제 '인권 외교'가 단순한 외교적 수사 측면의 참여를 넘어 상당히 복잡한 고차방정식이 됐으며, 이에 대한 심각한 고민이 필요한 이유도 이 때문이다.

제II부

한국의 외교안보전략: 현상과 제언

미·중 경쟁시대와 한국의 대응
국격있는 외교안보전략

미·중 전략 경쟁 속의 한·미 동맹*

차두현

Ⅰ. 한·미 동맹, 표정 관리 속의 '회색 코뿔소'

1. 한·미 동맹, 정말 '같이 가고' 있을까?

'회색 코뿔소(Grey Rhino)'란 말이 있다. 위험의 요소가 분명히 있음에도 불구하고 사람들이 이를 간과하다가 후일 심각한 위기에 빠지는 경우를 의미한다. 한·미 동맹 역시 현재 이러한 상태에 있는 것은 아닌지를 되돌아볼 필요가 있다. 물론, 한·미 동맹이 회색 코뿔소의 상태에 들어선 것은 이미 2000년대 초반부터였으며, 이는 특정 행정부의 문제점만은 아니었다. 그런데, 지난 수년간 코뿔소는 더 커졌으며 그럼에도 불구하고 눈에는 잘 띄지 않고 있

---

* 이 글은 차두현, "北·中 위협 등 美와 공통 인식 재정립…'동맹 기초체력' 키워라," 문화일보(2021년 2월 22일)와 차두현, "한미동맹의 현황과 도전: 지난 4년의 교훈과 바이든 시대의 협력 방향," ASAN Report(2021.05)를 중심으로 작성된 것이다.

다. 2021년 2월 4일(한국 시간 기준) 문재인 대통령과 바이든 미국 대통령은 바이든 행정부 출범 이후 첫 전화 통화를 갖고 '포괄적 전략동맹'을 함께 발전시켜 나겠다는 의지를 다시 한번 확인했다. 문재인 대통령은 통화 후 SNS를 통해 한·미 정상이 동맹을 한 차원 '업그레이드'하기로 약속했다고 전했다. 다만, 한·미 동맹이 정말 이제 반석 위에 다시 올라설 것인가에 대해서는 되돌아볼 필요가 있다.[1]

2. 흔들리는 동맹의 핵심 요소들

동맹은 세 가지의 핵심 요소를 바탕으로 유지·발전된다. 공통의 위협 인식, 공유하는 이익, 그리고 쌍방 간의 신뢰다. 그동안 위협 인식에서 한·미 양국 정부는 분명한 편차를 보여왔다. 남북 교류 협력에 우선적 중점을 두거나 미국으로부터의 자주(自主) 가치를 추구하는 정부가 들어설 때마다 한·미의 위협 인식은 서로 다른 곳을 바라보고는 했다. 이는 문재인 정부에 들어서도 마찬가지다. 무엇보다 문재인 정부가 한·미 동맹의 최대 위협은 여전히 '북한'이며, 그 현실은 여전히 바뀌지 않았다는 사실에 대해 명확한 규정을 내리지 않고 있다. 특히, 2018년 김정은 신년사의 대미 '핵단추' 발언에서 나타난 바와 같이, 김정은 시대에 들어 대미 '핵단추' 발언으로 북한은 한반도를 넘어 미 본토에 대한 위협으로 부각돼 왔다. 그럼에도 불구하고 2018년 남북대화 재개 분위기가 고조되면서, 북한의 '위협'에 대한 정확한 평가나 인식이 회피되는 분위기다. 예를 들어, 『국방백서 2018』는 "우리 군은 대한민국의

---

1 여기에서 '다시'란 표현을 쓴 것은 트럼프 행정부 시절에 드러났던 한·미 관계의 이상 징후와는 다른 방향의 협력이 이뤄질 것이라는 의미이며, 이는 트럼프 행정부 시절의 한·미 관계가 예외적인 것이라는 일반의 인식에 기반한 것이다. 그런데, 이것이 과연 특정 개별 지도자의 문제인지 아닌지를 따져 볼 시점이 될 것이다.

주권, 국토, 국민, 재산을 위협하고 침해하는 세력을 우리의 적으로 간주한다"는 표현을 사용했고, 이러한 표현이 『국방백서 2020』에도 그대로 유지됨으로써 북한의 위협에 대한 인식이 희석되는 것은 아닌가 하는 우려를 낳았다. 중국에 대해서도 마찬가지다. 한국은 그동안 "안보는 미국, 경제는 중국"의 논리에 의거해서 중국을 국제 질서나 지역 안정의 문제로 간주하는 시각을 가능한 회피하려 해왔다. 현재에는 위협 인식의 편차가 주로 북한을 대상으로 나타나고 있지만, 미·중 전략 경쟁이 심해질수록 한·미 양국의 위협 인식 편차는 더욱 심해질 것이다. 미국의 경우 중국의 현재 행태나 정책을 묵과할 수 없으며, 어떠한 형태로든 중국을 다뤄야 한다는 공감대가 형성된 반면, 한국 내에서는 중국의 부상(浮上)을 역전 불가능한 것으로 받아들이는 시각이 등장하고 있다. 이로 인해 미·중 전략 경쟁에 '연루'되는 것을 우려하는 단계를 넘어 중국과의 선린을 강조하는 움직임도 태동하고 있다. 2020년 1월 28일 신종 코로나바이러스 감염증(COVID-19) 확산과 관련해 우리 사회에서 "중국은 우리의 소중한 친구이므로 혐오를 부추기는 행동을 말아야 한다"는 주장은 자칫 미국의 입장에서는 중국 경사론으로 비칠 수도 있는 성격의 것이었다.

두 번째는 동맹의 공통 이익을 되돌아볼 필요가 있다. 동맹도 국가 간 거래 관계이며 어느 한쪽이 일방적 손해나 희생의 느낌을 받을 때 그 관계는 흔들린다. 과거 단순히 한국이 미국을 중심으로 한 서방 진영의 일원이라는 것만으로도 충분한 시절이 있었다. 그러나, 그러한 거래 관계는 냉전 체제가 붕괴되면서 이미 진부한 것이 돼 버렸다. 1990년대부터 미국은 한반도를 벗어난 동맹 관계를 꾸준히 희망했지만, 한국은 중국의 반응, 북한 핵문제 등을 이유로 한반도 방위동맹 이상의 역할에 소극적이었다. 이로 인해 이명박 정부 시절 2009년 한·미가 '포괄적 전략동맹'으로의 발전을 다짐했음에도 여전히 한·미 동맹의 한반도를 벗어난 역할은 극히 상징적인 차원에 머물 뿐이다. 북한의 위협이 실존하는 상황, 그리고 북한 핵위협이 고도화된 상황하에서 군사적으로 한반도 방위동맹의 유지는 불가피하다. 문제는 한국의 사고(思考) 영역 자체가 아예 한반도에 고착화되고 있으며, 한반도를 벗어난 동맹 차원의 외교적 협력 역시 꺼리는 행태로 나타나고 있다는 것이다. 예를 들어 한국의 정체성을 고려할 때, 홍콩 민주화에 대한 입장이나 남중국해에서의 자유 항행 등에 대해 한국은 미국과의 공유된 가치를 기반으로 더욱 적극적인 입장을 표명할 수 있었지만, 여전히 이에 소극적이었다. 모두 동맹의 공통 이익을 좁히는 원인이었다. 2021년 3월의 제11차 한미방위비 분담협정(SMA)의 타결로 일단 불을 끈 한·미 방위비 분담 문제 역시 트럼프의 과도한 요구로 인해 문제가 증폭된 측면도 있지만, 한·미 동맹에서 부담 분담과 기여를 바라보는 한·미 간의 시각차가 존재함을 보여주는 일단이었다.

그동안 한·미 양국 모두 이율배반적 행태로 신뢰 저하를 유발해 온 것은 아닌지도 되돌아봐야 한다. 특히, 양측이 외형적으로는 상호 신뢰와 협조를 다짐하면서도 이면적으로는 다른 목소리를 내는 것은 오히려 갈등을 외연화하는 것보다 더 나쁜 결과를 낳을 수 있다. 지난 수년간 특히 북한 문제와 관련해서 한·미는 이러한 "이면에서 다른 목소리 내기"의 사례를 노출해 왔다. 대표적인 사례가 남북한 관계와 북핵 문제 해결에서 나타난다. 2018년 남북한 및 미·북 간의 대화 분위기가 조성됐을 당시 한·미의 거듭된 설명은 결국 제재 효과와 강력한 압박이 주효했다는 것이었으며, 초반에는 대외적으로 이를 강조(2018년 3월 안보실장 방미 시의 브리핑 내용)하기도 했다. 그러나, 이면에서는 '제재 무용론'과 북한의 전략적 결단에 무게를 두는 목소리가 존재하는 것이 부인할 수 없는 현실이다. 이는 결국, 제재의 효과를 인정하면서도 2018년 9월 문재인 대통령의 유럽연합(EU) 순방 시 대북 제재 완화 필요성을 강조하는 모순적 행태로 이어졌다. 결국 이러한 행태는 한반도 비핵화 진전의 부진이 미국의 '낡은 각본'에 있다는 북한의 논리를 강화하는 결과가 될 수 있음에도 유의해야 했다. 트럼프 전 대통령이 한국인을 '끔찍한 사람들'이라고 표현한 것이나, 우리 정부의 각료가 한·미 동맹을 '냉전적 동맹'이라고 평가한 것은 단순한 정책 성과의 의욕을 벗어난, 근본적 의식의 괴리를 잘 보여준다. 만약 이러한 상태가 지속될 경우, 한·미 동맹이 정말 미래에도 '같이 갈' 수 있는지에 대한 한·미 양국의 의문은 증폭될 수밖에 없다.

II. 한·미 정상회담과 일시적 봉합

2021년 5월 21일의 한·미 정상회담과 공동성명을 통해 양국은 대북정책을 비롯한 동맹 관련 이슈들에 대해 양국의 입장이 상당 부분 일치함을 과시하는 데 성공했다. 공동성명 내용 중 "민주적 규범, 인권과 법치의 원칙이 지배하는 지역에 대한 비전을 공유"한다는 표현은 양국이 공동의 가치를 추구한다는 점을 강조함으로써 공통 이익의 범위를 확대할 수 있는 여지를 마련했다. "한반도의 완전한 비핵화에 대한 공동의 약속과 북한의 핵·탄도미사일 프로그램을 다뤄 나가고자 하는 양측의 의지를 강조"했다는 부분 역시 그동안 논란이 됐던 위협 인식 문제가 일단은 봉합됐음을 상징한다. 즉, 비핵화 표현에 대해 한국의 해석을 수용하면서도 '한반도 비핵화'가 북한 핵 프로그램의 해체를 의미한다고 규정함으로써 양측이 공통의 위협을 다뤄 나갈 기반을 강화했다. "북한을 포함한 국제 사회가 유엔 안보리 관련 결의를 완전히 이행할 것을 촉구"한다는 표현을 통해 북한의 성실한 비핵화 조치가 대북 제재 완화 혹은 해제를 위한 요건임을 밝혔다는 점 역시 대북정책 공조의 가능성을 높인 것이다. "2018년 판문점 선언과 싱가포르 공동성명 등 기존의 남북 간, 북·미 간 약속에 기초한 외교와 대화가 한반도의 완전한 비핵화와 항구적 평화 정착을 이루는 데 필수적이라는 공동의 믿음을 재확인"한다고 천명했는데, 이는 기존 남북 간, 미·북 간 합의의 유효성을 부각함으로써 북한의 대화 복귀를 공동 촉구한 의미로도 해석할 수 있다. 북한 인권 문제에 대해서도 관심을 가지고 주시한다는 공동의 입장을 밝힌 부분 역시 단순한 물리적 위협 이상으로 가치에 대한 도전 역시 함께 대응해 나가겠다는 의지의 표상으로 볼 수 있다. 5월 21일 한·미 공동성명의 가장 큰 의의는 그동안 동맹과 관련해서 한국이 가지고 있던 '한반도 방위동맹'에 대한 사고의 고착을 탈피했다는 점일 것이다. 비록 수사적이기는 하지만, 한반도에 고착된 사고를 좀 더 유연하게 확대했다는 점에서 한·미 공동성명은 희색 코뿔소의 돌진 속도를 낮추는 데는 성공했다고 볼 수 있다.

III. 오히려 더욱 뚜렷해진 숙제

1. 여전히 계속되는 신뢰의 문제

그러나, 공동성명 발표 한 번으로 기존에 한·미 동맹이 내재해 왔던 모든 문제점이 일거에 해결됐다고 보기에는 무리다. 과거에도 동맹의 결속이나 외형적 신뢰를 과시하는 조치는 숱하게 있었기 때문이다. 특히, 한·미 동맹의 미래 비전이 더욱 질적·양적으로 풍부해졌음에도 불구하고, '신뢰'의 회복 문제는 여전히 의문 부호로 남아 있다는 점을 잊어서는 안 된다. 우려스러운 것은 이미 그러한 일부의 징후가 나타나고 있다는 것이다. 정상회담 공동성명이 발표된 직후 우리 외교부의 고위 당국자들은 공동성명의 내용이 '원론적인 것'이라고 평가를 절하하는 듯한 발언을 했고, 공동성명에 나타난 '한반도 비핵화'와 북한의 '조선반도 비핵화' 주장이 크게 다르지 않다고 생각한다는 언급도 나타났다. 『글로벌타임스(Global Times)』를 비롯한 중국 언론들은 이를 마치 한국이 중국의 눈치를 보고 다시 입장을 조정하는 듯한 논조로 보도하고 있다. 만에 하나 중국을 불쾌하게 만들지 않으려고 지금부터 한·중 간에는 한·미 간의 약속과 결이 다른 이야기를 하려는 준비를 하고 있다면 그것이 바로 최악의 대응이다.

2. 또 다른 '트럼피즘'에 대비해야

분명한 것은 5월 정상회담을 기점으로 동맹의 미래 위험을 사전에 차단하기 위한 노력이 시작돼야 한다는 것이다. 특히, 미·중 전략 경쟁 속에서 한국의 포지셔닝에 대한 분명한 방향성이 설정돼야 한다. 한국이 현재 걱정하는 것은 동맹으로 인한 '연루'이지만, 오히려 미래에 위험성이 더 큰 것은 미·중 양자 모두로부의 '방기(abandonment)'다. 워싱턴으로서는 '안보=미국, 경제=중국'식의 구도에 안주하는 동맹국과 함께해야 할 동기가 점점 약해질 것이며, 중국 역시 동맹이 없어진 한국에 공을 들여야 할 이유가 없어지기 때문이다. 문제는 동맹의 심각성이 외부로 드러날 때에는 이미 손을 쓰기가 너무 늦어버린 경우가 많으며, 7,400만 명 이상의 미국인이 왜곡된 동맹관을 가진 트럼프를 지지했음을 잊어서는 안 된다. 따라서 현 시점부터 동맹의 기초 체력을 개선하려는 노력이 시작돼야 한다. 동맹의 건전화는 한·중 관계에서도 오히려 기회로 작용할 수 있다. 한·미 동맹의 발전은 중국으로 하여금 한국의 미국에 대한 경사를 막아야 한다는 심리를 촉발할 것이며, 이는 한국의 전략적 레버리지가 생겨남을 의미한다. 반면, 중국의 압력에 따라 한국의 정책이 좌우된다는 인상을 주면 줄수록 압력의 동기는 늘어나게 될 것이다. 이를 고려할 때, 이제는 공동성명의 각론(各論)을 실현하기 위한 우리 자체의 비전과 방안을 준비해 나가야 한다.

3. '쇼윈도 동맹'이 되지 않기 위해서는

겉으로 금슬을 과시하면서도 사실상 더 이상 정상적 부부가 아닌 관계를 흔히 '쇼윈도 부부'라고 부른다. 많은 경우 이러한 관계는 결국 지속되지 못한다. 이제 한·미 동맹이 '쇼윈도 동맹'이 되는 상황을 방지하기 위한 진지한 노력이 시작돼야 한다. 한·미 동맹의 미래를 위해 가장 먼저 시작돼야 할 것은 첫째, 공통의 위협 인식을 다시 정립하는 일이며, 이는 북한 군사 위협에 대한 분명한 인식의 천명과 연결된다. 2017년과 같이 북한이 미 본토와 해외 미군기지를 겨냥한 탄도미사일을 잇달아 발사할 경우, 미국뿐만 아니라 한국 역시 이에 대한 적절한 경계와 경고를 낼 수 있어야 한다. 또한, 한반도에서 평화와 동맹의 이분법으로부터 탈피할 필요가 있다. 동맹은 북한의 위협을 대처하는 것 이상으로 한반도 문제에서 한국의 변함없는 주도권을 보장하는 자산이라는 사회적 공감대가 형성돼야 하며, 이를 바탕으로 해야 동맹의 공통 이익이 확장되고 위협 인식도 뚜렷해진다. 여타 주변국에 대한 위협 인식 역시 꾸준히 양측의 편차를 줄여나가기 위한 공동의 위협 평가 작업이 있어야 한다. 현 상황에서 중국의 위협을 명시적으로 부각시킬 필요는 없다. 다만, 자유민주주의, 시장경제, 인권, 타국의 영토 존중, 정보 개방성 등 우리의 정체성을 반영하는 가치에 대한 위협에 한·미가 공동으로 대응해 나간다는 의사의 표명 정도면 충분하리라 판단된다.

둘째, 북한 핵문제에서 우리의 당사자로서의 입지를 강화해 왔다. 2018년 '판문점 선언'의 합의 이후 한국은 '완전한 한반도 비핵화'를 지향하면서도 비핵화 문제는 미·북 협상에 달려 있다는 태도를 유지해 왔다. 북한 핵 위협의 가장 큰 잠재적 피해자이면서도 정작 문제 해결을 위한 대북 압력의 구사를 꺼리거나 오히려 제재의 조기 완화 등을 선호했다. 물론 북한 핵능력 해체와 관련해 북한의 요구 사항이 주로 미국 측에 집중되고 있다는 점에서 한국의 이러한 접근을 비판할 수만은 없다. 다만, 한국이 한반도 문제에서 지향하는 것이 '중재자·촉진자'이든 '운전자'이든 간에 선의의 조정이 이뤄질 수 있도록 해야 한다. 따라서, 중재자가 어느 한쪽에 편향된 논리와 판단을 가지고 있다는 인상을 주는 것은 금물이며, 대북 몰입주의로부터의 탈피가 시급하다.

셋째, 동맹의 공유 이익을 확장하려면 한반도 평화와 안정에 여전히 무게 중심을 두면서 한반도를 벗어난 역할과 임무에 대해서도 적극적인 고려를 해 나가야 한다. 일부에서는 이것이 결국 미·중 전략 경쟁에의 연루와 연결될 것이라고 우려하지만, 원칙에 충실한 접근을 할 경우 부정적 여파를 충분히 극복할 수 있다. 앞서 지적한 바 있는 가치의 훼손에 대해서는 단호한 입장을 표명하되, '분쟁의 평화적 해결'을 강조하면 된다. 중국 등 일부 주변국들의 경계심에 대해 우리가 발휘할 수 있는 것은 그 가치를 '어떻게' 지켜 나가는 가에 대한 방법론이다. 모든 사안을 동맹의 입장에서만 판단할 필요는 없다.

2020년 6월 「홍콩 국가보안법」 문제와 관련해 일본도 미국, 영국, 캐나다, 호주 등이 참가한 중국 비난 공동성명에 합류하지 않았다. 이러한 외교적 차원의 한·미 공조가 한·미 동맹의 지역분쟁에의 연루를 차단하는 데에도 오히려 유용할 수 있다.

넷째, 우리의 정체성과 관련된 문제에서 일관성을 유지할 필요가 있다. 대북 전단 살포를 금지한 「남북관계발전법」 개정안에 대해 미 의회 인사들이 이 법이 표현의 자유라는 민주주의 핵심 가치를 훼손할 수 있다고 우려한 것을 되돌아볼 필요가 있다. 남북 관계를 고려할 때 북한을 의도적으로 자극할 필요는 없다. 그러나, 남북이 서로 다른 체제의 속성을 인정하는 가운데에서 협력을 해나가려면 한국에서는 시민사회로부터의 다양한 의견이나 활동을 차단하는 것이 불가능하다는 점을 북한에 각인시켜야 한다. 우리의 정체성을 일부 양보함으로써 북한과의 협력을 지향한다면 이는 한·미 동맹의 기반이 된 체제 유사성에 악영향을 미칠 것이다.

다섯째, 한·미 간 이견에 대한 적절한 '갈등관리'에도 더 많은 관심을 둬야 한다. 이견을 수면 위에서 투명하게 관리하는 것이 동맹국을 뒤에서 공격한다는 인상을 주는 것보다는 훨씬 바람직하다. 정부에 영향을 미치는 인사들이 한·미 동맹에 상처를 입히는 발언을 한 후 '개인적 의견'을 강조하지만, 이 설명을 액면 그대로 받아들일 워싱턴 여론 주도층은 없다. 차라리 이견이 있다면 이를 공론화해서 외교적 협의를 통해 해결하는 것이 바람직하다. 앞으로는 결속과 선의를 내세우면서 뒤에서는 동맹을 폄하하는 이중적 행태가 더 이상 나와서는 안 된다.

여섯째, 한·미 연합 연습/훈련 유예 등과 같이 동맹을 거래 대상으로 삼는 일 역시 삼가야 한다. 언제부터인가 한국 사회에서는 한·미 연합 연습/훈련을 남북한 관계의 개선과 대화의 촉진을 위한 일종의 거래 카드로 간주해 왔다. 그러나, 한·미 연합 연습/훈련은 그 군사적 의미 이상으로 주한미군과 동맹 유지의 핵심적 논거를 제공한다. 미국의 동맹 네트워크를 잘 살펴보면 미국의 동맹 혹은 우방국들은 ① 일정 수준의 미군 주둔과 정기적인 연합/합동 훈련이 이뤄지는 곳, ② 병력 주둔은 없지만 정기적인 합동 훈련이 이뤄지는 곳, ③ 병력 주둔도, 정기훈련도 없이 간헐적인 합동 훈련이 이뤄지는 곳 등으로 대별할 수 있다. 이 중 미국의 동맹 네트워크에서 가장 중요한 위치를 차지하는 곳이 바로 ①에 해당하는 지역이다. 병력은 그냥 주둔하는 것이 아니라 연습/훈련을 통해 대비 태세를 유지해야 하기 때문이다. 연습/훈련이 장기간 이뤄지지 않고 있는 지역에 대해서는 병력 주둔의 논리 역시 빈약해진다. 북한이 한·미 연합 연습/훈련을 집요하게 비판하는 가장 큰 이유 역시 바로 연습/훈련에서 주한미군 규모와 임무의 변화 그리고 동맹 약화로 이어지는 연결고리를 만들기 위함이다. 연합 연습/훈련과 관련된 북한의 문제 제기는 주요 훈련의 상호 통보와 참관단 파견 제의 등으로 충분히 대응이 가능하다.

일곱째, 북한의 빈번한 국격(國格) 폄훼 발언이나 사드 '3불'(추가 배치 금지, MD 불참, 한·미·일 군사동맹 불가) 요구에 대한 대응에서 나타나듯 우리의 '자주'가 미국에만 편향된 것은 아닌지를 되돌아봐야 한다. 동맹은 어떠한 측면에서 분명히 행동의 자율성을 제약한다. 그러나 동맹의 구성 자체가 안전의 보장을 위해 자율성의 일부를 희생하면서 출발한 것이다. 완전한 '자주'가 실현된 국가는 지구상에서 존재하지 않는다. 만약 '자주'가 양보할 수 없는 중요한 가치라면 미국 이상으로 주변국이나 북한에 대해 그러한 원칙이 함께 견지돼야 하며, 미국도 이러한 전제하에서 한국의 의지를 존중할 것이다.

전시작전통제권 전환: 한·미의 동상이몽*

박원곤

Ⅰ. 문재인 정부의 전작권 전환 추진 현황

한국과 미국은 2014년 10월 한·미연례안보협의회(SCM)에서 '조건에 기초한 전작권 전환'을 합의한 바 있다. 한·미가 합의한 전환 조건은 ① 전작권 전환 이후 한국군이 연합방위를 주도할 수 있는 핵심 군사 능력을 확보하고, ② 북한의 핵·미사일 위협에 대해 한국군은 초기 필수 대응 능력을 구비하며, ③ 미국은 확장 억제 수단 및 전략자산을 제공·운용하고 안정적인 전작권 전환에 부합하는 한반도 및 지역 안보환경을 관리하는 것이다.

문재인 정부는 대선 공약으로 임기 내 전작권 전환을 채택했으나 정부 출범 후 '조속한 시일' 내로 수정해서 추진하고 있다. 그러나 조건에 기초한 전

---

* 이 글은 박원곤 외, "한미동맹의 현황과 도전: 지난 4년의 교훈과 바이든 시대의 협력 방향," ASAN Report (2021.05)를 중심으로 작성된 것이다.

작권 전환이 제대로 이뤄지지 못하고 있는 것으로 판단된다. 전작권 전환에 필수적인 기초운용능력(IOC) 확인을 위한 한·미 연합훈련은 북한의 강력한 반발로 축소돼 2019년 후반기 '지휘소 훈련'으로 진행됐다. 이 훈련 시 연합사와 유엔사 임무와 관련해 한·미 간의 이견도 표출된 것으로 알려지고 있다. 2020년 예정됐던 완전운용능력(FOC) 검증은 코로나19로 인해 연기된 후 2021년도에도 시행되지 못했다. 이로 인해 문재인 정부 임기 내 전작권 전환은 불가능해졌고, 구체적 전작권 전환 시기를 도출하는 것도 난항을 겪고 있다.

기본적으로 전작권 전환은 객관적·주관적 요소를 모두 포함하고 있고, 한·미 양측이 평가 결과를 합의해야 하는 구조다. 핵심은 전작권 전환 이후 연합사 사령관을 맡는 한국군 장성의 전구(戰區) 작전 지휘 능력이다. 한반도 전시 연합사 사령관은 공군을 제외한 미군 전력을 한반도 전구에서 지휘하게 된다.

II. 전작권 전환시 고려해야 할 사안

전작권 전환에 대한 우려의 목소리가 지속된다. 한국은 여전히 지휘, 통제, 통신, 컴퓨터, 정보, 감시 및 정찰(C4ISR) 자산이 부족하고 연합작전 수행 능력에 대해서도 확실히 검증되지 않았다는 것이다. 특히 우려하는 것은 한국군 간의 상호 운영성과 합동작전에 필수적인 C4ISR 장비 등의 부족이다. 한국군은 병과 간 합동성 추구보다는 개별적 이익을 우선시하는 경향도 여전하다는 지적이다. 더불어 한국군과 미군 사이 C4ISR 능력의 간극이 더 크게 벌어지고 있는 것도 문제점으로 제시된다. 미국은 복합전 수행을 위해 군 간 합동작전 능력에 주안점을 두고 발전을 거듭하지만, 한국은 작전 및 전술 차원에서 군 간 연계성이 떨어지고 여전히 독자 체제로 운영되고 있다는 것이다. 전반적으로 한국은 전술 수준에서 합동작전을 편성하지 않고 있다. 이런 상황에서 전작권이 전환된다면 한국군은 유엔사 전력 제공국에 임무를 부여할 만한 체계가 없는 상태로 남아 있게 된다.

이 밖에도 미국 내에서는 문재인 정부가 정치적 목적으로 전작권 전환을 서두른다고 지적한다. 전작권 전환의 조건 중 하나인 북한의 비핵화에 따른 안보 상황 개선이 전혀 이뤄지지 않고 있다. 그런데도 문재인 정부는 정치적 요소를 고려한 전환을 추구하고 있다는 것이다. 조건에 기초한 전작권 전환을 추진하기 위해서는 한국군이 지휘 역할을 하는 대규모 군사훈련이 필요하나 2018년 6월 1차 북·미 정상회담 이후 한·미 양국은 지속적으로 훈련을 축소하거나 취소했다.

충분한 검증 없이 전작권 전환을 추진할 경우 결국 문제에 봉착할 것이라는 주장이 제기된다. 미국의 입장에서 전작권이 전환되더라도 여전히 한·미 상호방위조약에 따라 한국 방어의 책임이 있으므로 군사적 측면에서 준비되지 않은 상태에서 전작권이 전환되면 미국에 오히려 더 큰 부담이 될 수 있다는 것이다.

전작권 전환 자체를 반대하는 의견도 점차 커지고 있다. 한국군 장성이 사령관을 맡고, 미군 장성이 부사령관을 맡는 형태로 연합사를 재편해 전작권을 전환하는 현 시도는 "잘못됐다"라는 것이다. 군사적인 측면에서 볼 때 한·미 동맹에서 한국이 주도적 임무를 수행할 수 없는 구조다. 한국은 세계 6위권의 군사력과 막대한 국방비 지출에도 미국과의 비교는 불가하다. 미국은 유일하게 전 세계 투사 능력을 갖추고 있는 군사 최강국이다. 미국은 한반도

외에도 중동, 유럽을 비롯한 전 세계를 아우르는 군사전략을 갖고 있다. 따라서 한국이 주도권을 행사하기 어렵다는 것이다. 구체적으로 연합사 사령관을 한국 장성이 맡더라도 미군 장성과 제독은 한반도 평화를 군사적으로 구현하는 인도·태평양 사령부와 유엔사를 책임진다. 연합사 사령관과 유엔사 사령관을 한 사람이 겸직하는 것은 지휘 통제를 단순화해서 전시에 효과적 작전을 수행하기에 적합하다. 영국, 프랑스, 독일 등이 포함된 나토(NATO)도 미군이 사령관을 맡는 것은 지휘 통제 측면에서 효율적이기 때문이다. 주요 군사작전을 미군이 주도하는 이른바 '퍼싱(Pershing) 원칙'도 미국이 거만해서가 아니라 미군의 능력이 다른 어떤 동맹국보다 월등하기 때문이라는 것이다.

전작권 전환과 관련해 북한의 완전한 비핵화 달성까지 전환을 유예해야 한다는 주장도 제기된다. 벨(Burwell B. Bell) 전 한·미연합사 사령관은 조건에 기초한 전작권 전환을 강조하면서 북한의 완전한 비핵화를 전작권 전환의 핵심 조건으로 제시한다. 벨 사령관은 미군 지휘부가 핵무기와 핵우산 제공을 통제하는 상황에서 전작권이 전환돼 한국군이 재래식 전쟁을 지휘하고 미군은 핵무기 대응을 지휘하는 것은 '역량의 분리'이자 '지휘 통제의 분리'라고 규정한다. 위험과 불확실성을 높이는 잘못된 선택이라는 것이다. "한국이 모든 작전을 수행하다 핵전쟁 상황이 되면 미국이 마치 마술처럼 핵우산을 들여오는 시나리오는 군사적으로 타당하지 않다"면서 "북한은 이런 지휘통제 체계를 허점으로 여길 것이고, 핵우산 반격 가능성을 떨어뜨린다고 믿을" 것이라고 지적한다. 벨 사령관은 "전면전 발발 시 미군 4성 장군이 한반도에서 핵무기 대응 결정을 비롯한 완전한 통제권을 갖고 미국과 한국의 대통령 모두에게 보고하는 체계가 훨씬 믿을 만한 억지력을 제공한다"고 주장한다.

III. 제언: 한국의 선택

　대다수 전문가의 지적처럼 전작권은 당초 한·미가 합의한 것처럼 '조건에 기초한' 전환이 이뤄져야 하며, 조건은 정치적 고려를 배제한 객관적 평가에 기반해야 한다. 더불어 전작권 전환과 관련된 미국 일부의 근본적 문제 제기도 경청해야 한다. 기존 체제를 유지하는 형태가 아닌 새로운 대안이 제시된 바 있다. 2020년 10월 27일자 주한미군사령관 대외협력 보좌관 명의로 언론에 기고한 글에 따르면, 북한의 전면 남침이라는 '근본 가정'이 더 이상 유효하지 않다면서 "한·미 연합 방위 체제를 고수할 필요가 없다"고 주장한다. "한·미가 자국군에 대한 작전통제권을 각자 행사"하는 병렬 체제가 "한국군 4성 장군이 유사시 한·미 연합군을 작전통제하는 것보다 현실적이고 군사적으로도 좀 더 효율적"이라는 이유다. 산적한 국내 문제를 우선 해결해야 하는 바이든 행정부도 사실상 미국의 책임을 덜고, 전략적 유연성을 극대화할 수 있으며, 중국 견제에 비중을 실을 수 있는 연합사 해체와 병렬 체제로의 재편을 고민할 수 있다.

　위와 같은 주한미군사령부의 입장은 기존 연합사에서 사령관만 교체하는 형태로 전작권 전환을 추진하는 것에 대한 근본적 문제 제기다. 전술한 바와 같이 워싱턴 내에서는 핵 억제 권한과 능력이 없는 한국군 장성이 사령관 역할을 수행하는 것은 '역량의 분리'라는 문제 제기가 이어진다. 더욱이 미·중 갈등이 첨예한 상황에서 한·미연합사를 차라리 병렬 체제로 전환함으로써 전략적 유연성을 극대화하는 방안도 선택지에 담고 있는 것으로 판단된다.

　한국도 미·중 갈등으로 대변되는 국제 질서의 불확실성, 오히려 강화되는 북한의 핵능력, 미국의 인도-태평양 지역 동맹국 네트워크 재편 등 다양한 요인을 복합적으로 고려해서 전작권 전환을 검토해야 한다. 최소치는 조건에 기반한 전작권 전환을 추진하되, 철저한 평가를 통해 안보 공백이 없도록 유의해야 한다. 제대로 검증되지 못한 완전 운용 능력 평가부터 새롭게 추진하며, 원활한 검증이 이뤄지도록 해야 한다. 나아가 미국은 미·중 갈등에 효과적으로 대응하고, 동맹국의 역할과 책임 증대를 요구하는 상황에서 주한미군을 포함한 전진 배치된 미군 운용의 획기적 개선을 모색하고 있음도 고려해 포괄적 측면에서 전작권 전환을 모색해야 할 것이다.

한·중 관계,
정상적 관계 설정을 위한 인식의 전환

강준영

Ⅰ. 한·중 관계, 무엇이 문제인가?

국제 정세의 변화 속에서 한·중 관계가 복잡하다. 이는 남·북 중심으로 국제 관계를 파악하려는 현 정부의 시각과 미국을 극복 대상으로 인식하는 중국의 대미 전략, '극한 경쟁'을 예고하면서 강력한 대중 압박을 천명한 바이든 정부의 입장이 교차하는 상황이 계속되기 때문이다.

현 정부는 한반도 평화 프로세스 구축을 위한 '중국의 역할'을 기대하지만 국력의 비대칭성 확대는 중국식 일방주의의 위험성마저 내포하고 있다. 양국 '사드(THAAD) 합의'도 무색해졌고, 한한령(限韓令) 해제도 민간 문제라며 소극적이다. 6·25 전쟁도 미국에 대항해 조선을 지원한 항미원조(抗美援朝) 전쟁이고, '14억 시장의 무기'로 방탄소년단(BTS) 공격이나 한복 논쟁, 김치 원조 논쟁에도 불을 붙여 여론전과 심리전을 병행하는 구태도 반복된다. 급기야 당정 기관까지 나서는 신중화주의 양상인데도 한국 조야는 무대응이고, 대중 여론은 계속 악화되는 상황이다. 중국 정부는 "정부와 관계없는 민간의 일"이라며 일축하면서, 오히려 북·미 핵협상 결렬과 남북 불통 국면에서 시진핑 주석의 방한을 카드로 삼아 한·미·일 삼각 안보 구도의 약한 고리인 한국 공략에 적극적이다. 중국은 대(對)한반도 영향력을 유지하면서 한·미 공조가 더 강화되기 전에 한국의 대미 경사(對美傾斜)를 저지해 보려는 전술을 펼치고 있다.

이러한 상황에서 2021년 5월 21일에 열린 바이든 대통령과 문재인 대통령 간의 한·미 정상회담 공동성명에서 처음으로 '대만해협의 안정과 평화 유지'가 포함되자 중국 측이 이를 내정 간섭이라며 반발하고 있다. 우리 정부는 중국과 소통하고 있다면서 여하한 설명을 내놓지 않고 있다. 만약 사전 조율이 없었다면 사드 식 보복은 아니더라도 향후 한·중 관계나 남북 관계 역할론에서 지속적으로 우리를 압박할 빌미를 제공한 것이 아닌가 우려된다. 특히 한국의 미사일 개발을 제약했던 '미사일 지침'이 42년 만에 해제되고, 한국의 반도체와 배터리 등 첨단산업이 미국과 '기술 동맹'을 맺는 것이 아닌가에 대한 우려도 갖고 있는 것으로 보인다.[1] 중국은 일단 한국이 미국과 전술적 타협을 한 것인지 아니면 미국 쪽으로 경사되는 전략적 전환을 한 것인지 지켜보는 중으로 판단되지만 지나친 한국 압박은 한국의 대미 경사를 촉발하고 중국이 가장 두려워하는 한·미·일 삼각 공조의 강화로 이어질 수 있으므로 상대적으로 발언 수위를 조절하고 있는 것으로 보인다.

---

1 한국과 미국이 합의한 한국의 지대지(地對地) 미사일 개발 지침이다. 사거리 180km 이상의 미사일은 개발도 보유도 하지 않는다는 1979년의 1차 합의를 시작으로, 2001년에는 사거리 300km, 탄두 중량 500kg, 2012년에는 사거리 800km, 탄두 중량 500kg으로, 2020년에는 사거리 800km를 초과하는 군사용 고체 로켓 개발을 제한했으나 2021년 한·미 정상회담을 통해 이 지침이 해제됐다.

한·중 관계는 기본적으로 양자 관계 이외에 적어도 한·미 관계, 미·중 관계, 북·중 관계와 남북 관계가 복잡하게 얽혀 있는 다층 구조다. 이는 향후 한·중 관계에 대해 좀 더 근본적인 전략적 인식과 대책을 요구한다. 물론 한·중 관계와 한국의 전략적 가치 상승에 관해서 긍정적인 측면도 있다. 현재 미·중은 기술 패권 경쟁을 벌이는 동시에 한국에 기술동맹 러브콜을 보내는 중이다. 중국 측은 한국과 구체적인 기술 협력의 중요성을 강조하고 있고, 미국은 한국을 반도체 동맹의 핵심국으로 인정하면서 협력을 종용하는 중이다. 이는 미·중 경쟁을 과도한 이분법으로 재단할 필요가 없는 이유이기도 하다.[2]

II. 한·중 관계의 다층 구조

1992년 8월 24일, 한·중 양국은 40년에 걸친 반목을 청산하고 역사적인 수교를 단행했다. 당시 한국 정부는 북한을 국제 사회의 정상적 일원으로 기능하게 하고 장기적으로 평화적 통일 환경을 조성하기 위한 '북방 정책'을 추진하면서 중국과의 수교가 통일 한반도의 초석이 되기를 희망했다. 한국은 중국의 역할을 통해 상시 노출돼 있던 북한의 도발과 위협을 해소하려 했고, 중국은 한국 끌어안기가 장기적으로 한·미·일 안보 구조의 약화를 추동할 것으로 기대했다. 또 한·중 수교의 중국 측 전제 조건이었던 한국과 대만(중화민국/中華民國 국호 사용)의 단교를 통해 대만을 국제 사회에서 고립시켜 외교적 공간을 제약하려는 의도도 가지고 있었다.

---

2 이는 미·중 양국 모두 글로벌 기술 전쟁에서 한국을 끌어안는 게 유리하다고 판단하고 있기 때문이다. 2021년 3월에 열린 쿼드(QUAD) 4개국 정상회의는 지역 안보의제를 넘어 코로나19 대응, 5G 및 인공지능 공동연구 및 표준화 협력까지 논의했음을 생각해 보면 쿼드나 미국의 인도-태평양 전략을 특정국을 겨냥하는 안보체로 규정하고 미리 참여 가능성을 배제할 이유도 없고 지레 겁먹을 필요도 없다.

한·중 관계는 1992년 수교 당시의 '우호 관계' 단계를 거쳐 1998년 '협력 동반자 관계'를 맺었고, 2003년에는 '전면적 협력 동반자 관계'로 격상했다. 그후 2008년에는 이명박 대통령의 중국 방문을 계기로 '전략적 협력 동반자 관계'로 발전했고, 2013년 박근혜 대통령과 시진핑 중국 국가주석은 '성숙한 전략적 협력 동반자 관계' 설정에, 2017년 12월 문재인 대통령은 '실질적 전략적 협력 동반자 관계'에 합의했다. 북한이라는 이질적 요소가 있었지만 적어도 사드(THAAD: 고고도 미사일 방어 체제) 배치를 둘러싼 갈등이 폭발하기 전까지 한·중 관계는 '세계 외교의 기적'으로 불리며 표면적으로는 '유사 이래 최고의 관계'를 구가했다. 양국은 기본적으로 경제 교류를 우선으로 하되 민감한 정치·안보 이슈는 이견으로 남겨 두면서 발전을 추구하는 소위 '구동존이(求同存異)'에 초점을 맞추면서 관계 발전을 추동했고, 한국은 중국 성장 효과(China effect)의 직접적 수혜자가 되기도 했다.

그럼에도 중국과 북한의 특수 관계로 인해 양국 관계는 전체적으로 우호적이었지만 영역별로는 불균형적인 관계를 유지할 수밖에 없었다. 이 상황에서 한국의 사드 배치 결정은 최악의 갈등을 야기했다. 중국은 다양한 형태의 보복을 단행했고, 2017년 10월 31일 '사드 합의'에도 불구하고 보복 조치는 여전하다. 이는 한국 국민의 반중(反中) 정서를 자극했고, 역사·문화적 유대마저 흔들리게 하는 상처를 입혔다. 중국은 한국이 중국의 안보 이익 침해는 물론 중국 국민의 감정을 상하게 했다고 주장하고 있고, 한국에서는 한·중 관계의 근원적 재검토나 '리셋(reset)' 주장이 확대되고 있는 것도 이 때문이다. 이 추세가 계속되면 중국에 대한 한국 국민의 경계심이 고조되고, 한·미 동맹의 강화나 미·중에 대한 '균형외교' 논쟁 등이 지속적으로 대두하면서 중국이 우려하는 한국의 대미 경사가 본격화될 수도 있다.

따라서 좀 더 근본적인 차원에서 양국 발전의 핵심 문제들을 종합적으로 살펴보는 작업이 필요하다. 한·중 관계가 벽에 부딪힌 것은 몇 가지 상호 인식의 차이에서 발생한다. 우선, 한반도 통일에 대한 인식의 차이를 들 수 있다. 중국은 남북 쌍방의 협상에 의한 평화 통일을 지지한다는 원칙을 견지하고 있지만, 중국에 대한 북한의 전략적 자산의 가치를 인정해 북한 체제의 지속과 북한 정권의 유지에 적극적이다. 둘째, 북핵 문제에 대한 이견이 존재한다. 중국은 북한을 포함해 한반도 내에서의 핵 불용을 천명하면서도 미국의 대북 압력과 위협이 북핵·미사일 개발의 근본 원인이라는 입장이다. 북핵은 결코 제재와 압박으로는 해결될 수 없다는 입장이다. 한·미 동맹 강화에 대해서도 부정적이다. 특히 중국은 미국과의 전략적 경쟁이 심해지면서 한·미 동맹을 미·일 안보동맹처럼 대(對)중국 봉쇄정책의 일환으로 본다. 2020년 중국 국방백서(國防白書)는 "미군이 한국에 사드를 배치한 것은 아시아태평양지역의 전략 균형과 안보 이익을 크게 훼손하는 것"이라고 기술하면서 기존 입장에 변화가 없음을 계속 강조하고 있다.[3]

이러한 상황에서 한·중 관계의 미래도 낙관을 불허한다. 이미 다자적 성격을 지닌 북한 문제나 북핵 문제는 북·미 협상이나 국제 공조를 통한 해결로 방향을 잡더라도, 한·중 양국 간에는 해양 경계 획정과 관련된 중국의 한국의 방공식별구역(KDIZ) 무차별 진입이나 이어도 문제 등 직접적이고 현실적인 갈등 요소가 도사리고 있다. 호혜적이고 기술적인 것 외에는 정치적 편의에 따라 효용성이 바뀌는 것은 국제 협상에서 종종 일어나는 일이기는 하지만 대중 경제의존도나 북한 문제에 대한 중국의 역할 등에 대한 정치적 고려

---

[3] 중국은 사드 배치가 제2차 세계대전 이후 강대국 간 암묵적으로 설정된 전략 균형(strategy equilibrium)을 파괴하는 것이라고 주장한다. 특히 중국 견제가 뚜렷한 미·일 동맹과 북핵 위협에 시달리는 한국과 한·미 동맹의 차별성도 인정하지 않으면서 모든 것을 중국 견제전략으로 간주한다.

로 잘못된 협상을 해서는 안 된다. 과거의 사례와 경험을 바탕으로 철저하게 준비하고 대응해야 하는 이유가 여기에 있다.

III. 한·중 관계의 정상화를 위한 인식의 전환

'거대 중국'을 마주하고 있는 한국적 상황에서 독자적 대중 전략 수립과 실천은 쉽지 않은 일임은 분명하다. 미·중 갈등 구조가 지속되고 남북 간 소통도 벽에 부딪히면서 한반도 현실 상황 변화나 변화 가능성이 크지 않은 상황이다. 그렇다면 좀 더 장기적 관점에서 한국의 국가 생존 전략 수립과 중장기적 관점에서 반드시 짚어야 할 일이 있다.

첫째, 동맹 구조인 한·미 관계와 협력 구조인 한·중 관계의 차별성을 이해해야 한다. 이 세상에 전능(全能)국가는 없다. 미·중 간의 경쟁·갈등 구조나 상이한 대(對)한반도 이익을 감안할 때 선택의 압박에 스스로 옥죄기보다는 누가 한국을 도울 의지(will)와 능력(capability)이 있는지, 미래 가치의 공유가 가능한지를 핵심에 두고 고민해야 한다. 중국과 '쌍무적 관계 발전' 및 '중국을 통한 대북 억지력 제고'라는 양대 목표를 추구하고 있지만, 우리의 국가 이익이 무엇이며, 무엇이 우선인지를 분명히 해야 미·중 사이에서의 사안별 대응 전략 수립도 가능해진다. 결국 북한의 위협을 안고 사는 한국은 유사시 누가 우리를 도울 것인지, 도울 수 있을 것인지를 고민해야 한다. 한국을 도울 의지와 능력은 물론이고 역사적·경험적으로 상호 협력이 가능한 국가여야 함은 불문가지다.

둘째, 한국이 필요한 것과 중국이 필요한 것이 다르다는 것을 정확히 인지해야 한다. 사드 합의에도 불구하고 중국은 "사드 문제의 적절한 처리를 원한다"는 주장을 반복한다. 사드의 추가 배치와 미사일 방어 체제(MD) 편입, 그리고 한·미·일 3국 군사동맹을 추구하지 않는다는 '삼불(三不, 3NO)' 문제도 기존 입장을 설명한 것이라는 한국의 입장을 무시하고 중국은 한국이 '약속'했다는 표현을 쓴다. 이 점에서 북한과 북핵 문제에 대한 중국의 입장을 정확히 파악해야 한다. 중국에게 북한과 북핵은 다르다. 물론 북핵은 한·중 양국이 모두 종국적으로 제거해야 할 대상이라는 공감대를 가질 수 있다. 그러나 중국에 북한의 존재는 미국을 견제하고 일본을 압박하며 한반도의 영향력에 중요한 전략적 자산이므로 중국의 역할을 과도하게 기대하는 것은 희망 사항에 불과할 수 있다. 미국의 클린 네트워크(Clean Network)에 대항하는 중국 주도의 데이터 협력 구축 사안도 중국은 한국이 동의했다고 하고 한국은 중국의 입장을 들었다고 한다.[4] 이런 식으로 동일 사안에 대한 엇박자가 계속 일어나는 것은 각자의 생각대로 상대방을 재단하기 때문이다.

    셋째, 북한의 대남전략 변화와 중국과의 연계성 파악에도 유의해야 한다. 김정은이 대남 무력 시위를 지휘하고 한국 정부를 몰아붙이는 것은 기본적으로는 자신들이 남북 관계에서 우위에 있다고 생각하기 때문이다. 이 점에서 북한의 목표가 언제나 한·미 동맹과 미·일 동맹의 와해였음을 잊어서는 안 된다. 2021년 1월 초에 열린 노동당대회에서 북한은 지난 다섯 차례의 북·중 정상회담에서 확인된 '피로 맺어진 친선 관계'와 '운명공동체'이며 '같은 참모부', 그리고 '중국의 사회주의 북한에 대한 불변의 지지'를 근거로 대중 밀착을 재차 천명했다. 특히 북한은 한국의 명운이 달린 안보 문제와 관련해 '위장된 평화'를 내세워 비핵화 논의를 '주변화'하면서 실질적 '핵보유

---

[4] 2020년 11월 한국을 방문한 중국 왕이 외교부장은 '한중 경제무역 협력 계획 2021~2025'를 조속히 제정해 하이테크 기술·산업 협력을 강화하자고 강조하면서, 귀국 후 중국 외교부 홈페이지를 통해 중국 주도의 디지털 네트워크 구축에 한국이 동의했다고 밝혔다.

국'이 됐을 뿐 아니라 첨단 미사일 무기 체계까지 갖췄다. 이 때문에 북한에 선의를 제공한 한국은 '핵 있는 평화(nuclear peace)'의 굴레에 빠질 위기를 맞고 있다. 남북 합의에 따른 교류나 소통도 중요하지만 지난 경험은 주변국들과 장기적이고 다자적 관점에서 구체적이고 실천적으로 해결 방안을 모색해야 한다.

넷째, 한국이 일정한 자기 안보 역량을 갖추는 것이 대중 관계 설정이나 협상에 유리하다. 한국은 주변국의 침략을 억제하고, 유사시 이를 효과적으로 격퇴할 수 있는 군사안보적 전력이 반드시 필요하다. '제한적 억지력' 혹은 '적극 방어력'을 확보해 한국의 안보는 스스로 책임질 수 있다는 메시지를 중국에 줄 수 있어야 한다. 중국은 한·중 수교 이후 한때 북한을 부담으로 여겼으나 미국과의 전략적 경쟁이 심해지면서 북한을 전략적 자산으로 여기는 전통정책으로 회귀했다고 봐야 하므로 확고한 안보 역량 구축은 북한의 위협 상쇄는 물론 중장기적으로 주변 안보환경의 변화에 따른 전략 및 전력의 조정 차원에서도 필요한 것이다.

IV. 우리가 해야 할 일들

대중 관계에서 상대적으로 수세에 있는 한국의 입장에서는 구조적 인식의 전환과 더불어 현실적 대응에서 고수해야 할 몇 가지 원칙이 있다.

첫째, 치열하게 전개되고 있는 미·중 관계의 갈등 양상을 정확히 파악하는 일이 중요하다. 바이든 정부는 트럼프의 대중 압박 유산을 기초로 중국과의 '극한 경쟁'을 추진하는 중이며, 중국도 대미 항전의 의지를 굽히지 않고 있다. 중국의 일대일로(一帶一路) 전략과 미국의 인도-태평양 전략을 둘러싼 쿼드(QUAD) 및 쿼드+3 구상, 중국의 기술 패권을 저지하려는 미국 중심의 클린 네트워크와 중국 주도의 데이터 협력 구축의 충돌이 불가피할 수밖에 없음을 인식하고 미·중에 잘못된 시그널을 주면 안 된다. 그래서 무엇을 얻을 수 있을지 불분명한 시진핑 주석의 방한이나 중국에 대한 막연한 기대를 근거로 중국의 의도가 투영된 '운명공동체'[5]나 '구동존이(求同存異, agree to disagree)' 같은 중국식 용어를 그대로 사용하는 것이나, 한·미 동맹 사안인 한·미 연합훈련도 북한과 협의하겠다는 것은 매우 전략적이지 못한 처사다. 또, 민주와 인권을 강조하는 바이든 행정부와 민주·자유를 신봉하는 한국이 미국과 공감대를 확보하지 못하면 이는 우리의 정체성 훼손은 물론 스스로의 전략공간을 축소시키는 것과 다름없기 때문이다.

둘째, 사안별 대응 전략 수립이 필요하다. 우리는 사드 갈등 이후 전개된 일련의 과정을 통해 중국의 '민낯', '이중성', '표리부동' 등을 목도했다. 미국과는 안보, 중국과는 경제 관계라는 공식도 깨졌고, 일방적인 '보복' 여파도 실감했다. 교훈을 얻으려면 이러한 과정을 재검토하면서 적어도 정부 차원에서 실행 가능한 대응책을 마련하고 국민들의 합의를 배경 삼아 정책을 추진해야 한다. 한·중 양국 간에는 이미 다양하고 많은 협정이 체결돼 있다. 주관부서는 협정대로 문제 해결을 진행해야 한다. 상호 규정에 따라 각을 세울 때는 세워야 하며, 아닌 건 아니라고 말할 수 있어야 한다. '중요한 경제 파트너'라든지 북한 문제에 대한 '조력자 중국'을 지나치게 고려하면 협상의 주도권을 쥘 수 없다. 우리의 원칙적이고 일관된 입장을 고수하면서 중국의 입장

---

5 운명공동체란 생사나 존망에 관한 처지를 같이하는 집단 또는 사회를 지칭한다. 시진핑의 운명공동체론은 인류가 협력하면서 공존 공영해야 한다는 논리로 상생과 협력을 강조하는 개념으로 문제될 것은 없다. 다만 인류운명공동체가 중국이 추진하는 일대일로(一帶一路)에 의해 달성될 수 있다면서 미국 등 서방의 가치 체계에 대한 대항적 개념으로 사용하는 사실상의 이데올로기적 개념이기 때문에 여과 없이 사용하면 문제가 생길 소지가 다분하다.

을 이해하려고 노력하기보다는 그 상태로 인식하는 편이 좋을 수도 있다.

셋째, 중국의 힘자랑에 너무 끌려가지 않아야 한다. 중국은 비공식적이지만 매우 치밀한 '경제 보복' 조치를 전가의 보도처럼 휘두른다. 중국의 경제적 '강압(coercion)'은 전례가 많다. 각기 다른 이유에서 일본, 베트남, 필리핀, 몽골, 호주 등에도 경제 보복을 했고, 유럽의 프랑스, 노르웨이도 대상국이었다. 대만의 경우는 아예 구조적으로 중국의 그림자 속에 있기도 하다. 그러나 역사적·경험적으로 제한받지 않은 일방적 정책 팽창은 없다. '전략의 논리(logic of strategy)' 차원에서 보더라도 주변국들이나 국제적인 반중(反中) 연대는 중국에도 부담이 된다. 이를 감안해 국제적 주제는 쌍무적 해결보다는 국제 여론화하는 작업도 필요하다.

이제 한반도와 동북아의 안보 형세는 본질적인 변화기에 진입했다. 한반도 평화 체제는 남과 북만으로는 구축할 수 없다. 한국의 입장에서는 아무런 대안도 없이 기존의 한·미 동맹이 부정적인 영향을 받게 되는 일은 피해야 한다. 이 점에서 2021년 5월 한·미 정상회담은 제한적이지만 중국과 관련해 행간에 많은 메시지를 담고 있다. 현 상황에서 확고한 한·미 동맹의 유지와 한·미·일 협력 강화는 중국과 러시아의 세력 확장 억제에도 유용하다. 한·미 동맹이 우리 안보를 지탱하는 기둥임은 새삼 언급할 필요도 없으며, 한반도 안정 유지 차원에서 계속 유지하고 확대·발전시켜야 하는 당위성도 있다. 또, 한·일 협력 관계 역시 역사적·지정학적 측면은 물론 실질적 차원에서 우리의 대(對)중국 외교에서 중요한 자산임을 잊어서는 안 된다.

한·중 관계도 양자적 갈등을 피할 수는 없지만 외부적 요인으로 갈등을 지속하는 것은 잘못된 일이다. 한 번에 모든 문제를 해결할 수는 없지만 한국은 중국의 자의적 우려를 '합리적 우려'로 바꿀 수 있도록 소통해야 하며, 우리는 중국에 대한 막연한 기대를 '합리적 기대'로 바꾸는 질적 변화를 도모해야 한다. 그래서 양국의 소통과 노력이 어느 때보다 중요하다.

중국의 역사·문화 빼앗기,
신동북공정인가?

강준영

Ⅰ. 중국의 역사·문화 찬탈, 무엇이 문제인가?

　중국의 우리 역사·문화에 대한 찬탈 작업은 매우 주도면밀하게 진행되고 있다. 주지하다시피 한·중 관계는 현재의 중국 강역 내에서 전개된 모든 역사는 중국의 역사라는 인식하에 동북 변경 지역의 역사와 현상을 중국화하려는 동북공정(東北工程)으로 큰 상처를 입었다. 2002년 중국 정부 산하 사회과학원이 주도한 이 프로젝트는 한반도에 대한 영향력을 확보하고, 더 나아가 동아시아의 중심국 지위를 확고히 하려는 중국의 장기적인 의도에서 진행됐다. 한국 사회와 지식계는 강력히 반발했고, 양국 정부는 "학술 문제를 정치화하지 않는다"는 어정쩡한 구두 합의로 일단락지었다. 프로젝트 자체는 2007년에 끝났지만 중국은 고구려를 '중국고구려'로 기정사실화하고, 고구려도 자국 역사 범주에 있음을 주장하는 연구 학술서적과 관련 논문들을 계속 출간

하며, 관련 유물도 계속 발굴해 '중국고구려' 박물관에 전시하고 있다.

중국은 이렇게 '의도된 역사 인식'을 바탕으로 김치나 한복 등 문화 분야에까지 영역을 확장하고 있다. 가히 역사·문화 빼앗기가 결합된 신(新)동북공정에 다름 아니다. 중국은 이미 아리랑이나 씨름, 돌잡이 등 조선족 문화도 소위 중화(中華)문화의 일부라고 주장하고 있고, 강릉 단오제도 중국 명절 빼앗기로 간주한다. 심지어 한국인 한(恨) 문화의 상징인 아리랑마저 유네스코 세계문화 유산에 등재하려는 시도도 서슴지 않았다. 이 상황에서 한국의 독보적 전통 음식인 김치와 전통 복식인 한복도 중국 문화로 소환됐고, 한반도의 최대 비극인 6·25 한국전쟁마저 6·25전쟁이 미국에 대항해 평화를 지킨 항미원조(抗美援朝) 전쟁이라는 중국이다. 한국 한 연예인이 '마오'를 언급하자 마오저뚱(毛澤東)에 대한 무시로, 한류 문화의 세계적 아이콘인 방탄소년단(BTS)의 지극히 일반적인 수상 소감이나 블랙핑크가 판다를 맨손으로 안은 것도 중국에 대한 무시로 간주하는 등 중화주의적 피해 의식과 공격적인 조급함마저 보인다.

이러한 현상들은 표면적으로는 한국의 사드(THAAD) 배치 결정 이후 확대된 중국 내 혐한 분위기와 갈수록 악화되는 중·미 갈등 증폭 및 한류 문화에 대한 질시가 중국 특유의 애국주의 정서와 결합된 것으로 보인다. 하지만 이는 본질적으로 부상한 중국의 신중화주의 세계관의 투영이다. 중국 정부는 한국 학계와 시민사회의 항의에 대해 일부 민간의 행동이라며 둘러대고 있지만 실제로는 공산당 기관지 인민일보의 자매지인 환구시보(環球時報)가 여론을 주도하고 심리전까지 전개하면서 적반하장이다. 김치 논쟁 때는 공산당 핵심 기구인 정법위원회까지 나서는 등 한국은 안중에도 없다는 태도를 보이는 등 중국의 민낯이 다시 드러나고 있다.

문제는 이러한 중국의 태도에 정부는 물론이고 학계나 시민사회의 대응이 체계적이지 못하다는 데 있다. 2021년 3월, 판타지 드라마를 표방하면서 역사 왜곡과 지나친 중국풍(風) 논란에 휩싸였던 드라마 「조선구마사(朝鮮驅魔師)」가 첫 회 방송을 끝으로 퇴출됐다. 한국 작가 시나리오로 한국에서 제작된 이 드라마는 실존 왕조와 실존 인물들에 대한 지나친 폭력적 설정과 작가적 상상력, 시대에도 맞지 않는 억지 중국 색채의 범람에 광고주들마저 등을 돌렸고, 시청자들의 분노가 방영 중지 청원으로 이어져 퇴출이 가능했다. 그러나 중국 내에서 벌어지는 문제에 대해서는 별다른 방법이 없는 것도 사실이다. 그럼에도 중국은 한국이 반응하지 않으면 역사·문화 찬탈의 기준점을 계속 높일 것이 자명하므로 대응책 마련에 각별히 유의할 필요가 있다.

II. 신(新)중화주의 문명사관의 대두인가?

중국은 수천 년에 걸친 이웃 국가로서, 또 세계적 강대국으로서 한국에 다양한 이미지를 제공하는 국가다. 지리적 인접성은 다양한 형태의 교류를 가능케 했지만, 역사적으로 언제나 강대국의 위치에 있었던 중국은 한반도의 왕조나 정권보다 강력한 위치에서 양국 관계를 규정했고, 유가(儒家/儒敎) 문화권의 범주에서 조공책봉(租貢冊封) 관계를 설정해 왔다. 이는 '대국(大國) 중국'이라는 전통적 사유에 기초한 중화관(中華觀)과 유가 질서에 바탕을 둔 전통적 형제국가라는 인식이 양국의 전통 관계에 뿌리 깊게 형성돼 있었다. 한·중 관계가 사드 사태로 어려움을 겪고 있지만 1992년 수교 이후 양국은 비약적 발전을 구가해 왔음도 사실이다. 그럼에도 최근의 역사·문화 찬탈 과정은 중국의 '종주국 중국' 이미지 재형성에 그 초점이 있다.

1949년 중화인민공화국 수립 이후 중국은 문화적으로는 중국적 천하관(天下觀)과 민족관을 바탕으로 한족(漢族)과 55개의 소수민족이 오랜 역사 과정을 통해 통일적으로 형성된 국가라는 '통일적 다민족 국가론'을 강조한다. 개혁·개방 정책의 성공적 추진은 중국을 세계적 국가로 부상시켰고, 중국은 중화문명의 유구함과 중화민족의 위대함을 대내외적으로 과시하려는 신중화주의 문명사관의 투영을 숨기지 않고 있다. 이는 19세기 서방과의 불편한 조우에서 벗어난 중국의 성공을 과시하고, 현재와 미래의 중국 국가안보 목표와 대외전략 목표 설정, 그리고 안정적 국내 통치(governance)와 사회 안정의 유지에 영향을 받은 것이기도 하다.

　　역사적으로 사회주의 중국 지도부의 역사·문화 인식과 주장은 기본적으로 중국적 특징을 갖고 있다. 중화사상에 기초해 대부분의 주변국들이 자신의 '세력권'에 속해 있다는 시각을 기초로, 남중국해, 대만 그리고 홍콩·마카오 등에 대한 주권 회복을 실지(失地) 복고로 간주한다. 또 권위주의적 통치의 정통성과 합법성을 담보하고 역내 영향력의 증대시키기 위해 역사·문화나 영토 문제에 투영하는 데 적극적이다. 특히 '중국의 꿈(中國夢)'을 앞세운 시진핑 체제에서는 중국의 힘을 대외적으로 적극 투사하고 있으며 중국인들도 '중국의 힘' 과시에 적극적이다. 이는 최근 중국의 '문명국가론(文明國家論)' 논의에서도 잘 드러난다. 중국은 전통 중국과 사회주의 중국의 상이함에도 불구하고 5천 년 이상 지속된 '문명'과 '근대 국가'를 융합하는 '문명형 국가(civilizational state)'라는 분명한 정체성이 있고, 서구와는 구별되는 중국의 독자적인 발전 방식으로 전 세계의 미래에 영향을 미칠 수 있음을 강조한다. 따라서 '치욕의 백 년'을 이겨낸 '중국몽'의 추구는 '역사적으로 정당한 지위(historically rightful position)'를 갖고 있다고 주장한다. 이의 연장 선상에서 국제 질서의 중심으로 복귀하는 강대국으로서 서구 자유주의와는 상이한 세계관과 국제관계론을 통해 중국의 독자성, 중국적 가치·규범과 서구 자유주의 가치·규범의 차별성을 강조하는 인류운명공동체(人類運命共同體)를 설파 중이다. 시진핑은 중국이 세계 평화의 구축자로, 국제 질서의 수호자로 또 글로벌 발전의 기여자가 될 수 있고, 인류가 직면하는 문제들의 해결에 '중국적 지혜와 중국식 접근'이 유용할 수 있다고 주장한다. 이는 서구와는 구별되는 중국의 독자적 발전 방식에 따른 기여를 의미하는 것이며, 서구 특히 미국 중심의 일방주의적 세계관과 가치관에 대한 반발이며 대응이기도 하다

Ⅲ. 중국의 역사·문화 찬탈 의도는?

한국은 바로 이러한 인식을 갖고 있는 중국의 인접국이다. 역사·문화적으로는 전통 중국과는 수천 년의 역사화 문화를 공유하지만 사회주의 중국과의 정식 관계는 2022년이 수교 30년이다. 중국은 역사·문화적 차원에서는 '전통'을 강조하지만 현대적 의미의 한·중 관계는 이념과 체제를 달리하는 사회주의 중국과의 관계임도 고려할 필요가 있다.

최근 중국의 한국 역사·문화에 대한 찬탈 시도는 6·25 한국전쟁에 대한 왜곡과 세계적으로 공인된 김치나 한복 등 전통문화에 대한 무분별한 원조론 주장으로 이어지는 등 복합적으로 전개되고 있다. 중국 정부의 주장대로 '민간의 이름'으로 강화되고 있는 다양한 문화적 찬탈 행위는 결국 중국이 중국적 인식과 방식을 통해 자신들의 의도와 시간표대로 영토와 역사·문화 짜맞추기 작업을 진행하고 있다는 방증이기도 하다. 중국이 그토록 강조하는 제도·주권·영토 등 '핵심 이익(core interest)' 문제도 아닌데 중국의 일부 네티즌

들은 중국 정부의 보이지 않는 비호하에 과도한 민족주의를 시도 때도 없이 여과 없이 분출하고 있다. 그 때문에 최근 중국에서 제기되는 역사·문화와 관련된 일련의 행보는 단순한 일시적 현상으로 볼 수 없다.

　더 큰 문제는 경제력을 무기로 상대방을 굴복시킨 중국적 경험들이 왜곡된 집단 역량 과시에 무절제하게 이용된다는 점이다. '소분홍(小粉紅)'으로 불리는 애국주의 청년 네티즌들이 중심이 된 역사·문화적 의견 제시는 공산당 기관지 인민일보의 자매지인 환구시보(環球時報)에 의해 비이성적인 분노가 조장되는 선전전(宣傳戰)으로 바뀐다. 강대국 중국에 대한 도전으로 인식시켜 전형적인 애국주의 여론전으로 확산되고, '경제력 무기화'가 동원되면서 중국식 길들이기의 전형이 됐다. 이러한 과도하고 편협한 애국주의 때문에 중국은 국제 시스템 수용이나 책임감을 무시한 힘자랑을 일삼는다는 국제적 비난에 직면하고 있음은 주지의 사실이다. 중국 정부는 민간 문제라며 방관하고 있지만, 이는 중국의 세계적 부상을 국제적으로 과시하려는 중국 당국과 애국주의 네티즌들의 조급함에서 유래된 것이다. 결국 부족한 소프트 파워, 즉 문화적 공허함을 역사·문화 찬탈이나 경제력의 무기화라는 힘으로 메우려는 시도이기 때문이다.

　중국이 자신들의 역사관을 가지고 국가 발전 전략을 집행하는 것은 철저히 중국의 자유다. 적어도 사실에 대한 왜곡은 하지 말아야 한다는 당위성은 둘째 치고, 미·중 갈등이 첨예화되자 과거 아편전쟁이나 청일전쟁, 한국전쟁의 상황 등을 대미 전략에 이용하려는 매우 국수주의(國粹主義)적인 시도도 하고 있다. 중국이 얼마나 강력하게 미국에 대항할 수 있는지를 보여주려고만 한다면 국내적 애국주의는 고취할 수 있지만 국제적 신뢰는 악화될 우려가 있다. 특히 한반도 최대 비극인 6·25나 한·미 관계를 대미 항쟁의 수단으로 이용하는 방식은 중국이 그토록 비판해 온 '냉전적 사고'일 수밖에 없다 '문화 강국'과 문화 포용성을 강조하는 중국이 중국도 상대방을 존중하지 않고 애국주의 프레임에서 벗어나지 못하면 덩치만 커다란 '수퍼 베이비(super baby) 중국'의 그림자를 지우기 어려울 것이다. '세계적 국가·세계의 리더'가 되려면 차분히 주변을 돌아보는 여유를 가져야 하는 이유가 여기에 있다.

IV. 우리는 무엇을 해야 하나?

한국 정부가 거대 중국을 상대하기가 버거운 것은 사실이지만 '중국의 자부심'을 건드리면 안 된다는 일부 지도층의 언사가 나오고, 정부의 대중 저자세 외교에 대한 질타가 나오는 등 일사불란하지 못하다. 이 시점에서 양측에 필요한 것은 적어도 각자의 관점을 상대방에 강요해서는 안 된다는 최소한의 불문율 형성이다. 정부는 여러 가지 어려움이 있겠지만 로-키(low-key)라도 분명한 원칙을 설파하고, 지식계는 중국의 왜곡된 역사·문화 인식과 자기 중심적 이중 잣대에 대한 분명한 대응 논리를 가지고 논쟁에 나서야 한다. 정부와 민간의 역량이 합쳐져야 외교력을 제대로 발휘할 수 있다. 경제계도 '14억 시장'을 운운하는 중국 네티즌의 심리전에 말려 중국식 공세를 그대로 수용하면 장기적으로는 중국 시장의 독자성 상실로 이어질 수 있음을 상기할 필요가 있다. 아닌 것은 아니라고 분명히 말하는 용기와 정확한 사실 분석에 의한 분명한 대응이 필요함을 더 이상 강조할 필요도 없다.

중국은 국제적 시각과 관계없이 자국 문화의 영향력을 확대하려는 시도를 계속할 것이고, 개혁·개방의 성공을 '세계적 국가 중국' 이미지로 이어가려 할 것이며, 특히 문화 중국의 부상에 주력할 것이기 때문에 향후에도 이러한 충돌은 계속될 수밖에 없다. 퇴출된 드라마 「조선구마사」는 바로 역사·문화 왜곡에 중국 자본이 결합된 중국적 시도의 새로운 형태다. 어떤 국가가 자국 문화의 영향력을 확대하려는 시도는 자연스러운 일이지만, 소프트 파워 부재의 조급함과 중국의 성공을 과시하고 싶어하는 중국의 당정과 중국의 부상을 열망하는 중국의 젊은 세대의 공격적 조급함에 유의하면서 논리적으로 설득해야 한다. 옷을 입는 것은 문명이고, 한복을 입고 양복을 입는 것은 문화다. 중국이 중국식으로 절인 채소를 파오차이(泡菜)라고 하고 한국이 한국식으로 채소를 절여 먹는 것을 김치라고 하는 것 역시 문화 현상의 하나다.

한국은 누구에게도 뒤지지 않는 전통 문화를 보유하고 당대 세계 문화를 주도하는 한 축인 한류의 원산지다. 시시비비를 가리는 비판도 당연히 중요하지만 우리 스스로의 역사·문화의식을 다지는 것이 더욱 시급하다. 중국의 논리, 특히 북한을 둘러싼 정치적 협력 등을 의식해 지나치게 중국 입장을 고려하는 행태에 역사·문화 논리가 지배당해서는 안 된다. 자국 역사와 문화 대한 자긍심이 정치적 이유로 상처를 받아서도 안 될 일이지만, 자긍심이 없는 모습을 상대방에게 보여주는 것은 스스로 민족의 역사와 문화를 등지는 일임도 명심해야 한다.

한·일 관계:
과거사는 관리, 이익은 확대,
전략은 공유해야

진창수

한·일 관계의 미래는 어둡기만 하다. 개인 청구권을 인정한 강제징용 판결, 레이더 조사 조건, 그리고 군사정보보호협정(GSOMIA) 파기 카드 등으로 진흙탕 싸움이 지속되면서 한·일 대립은 심각한 상황이 됐다. 게다가 최근 위안부 판결은 한·일 간 대립을 더욱더 악화시키고 있다.

한·일 관계가 파국으로 치닫고 있지만, 문재인 정부는 위기의식조차 보이지 않는다. "상대방에게 공이 있다"며 별다른 정치적 부담감을 느끼지 않기 때문이다. 또한 한·일 관계를 북한 문제에 종속시키거나 국내 정치의 유불리로 인식하는 경향이 강해져 한·일 관계 개선은 우선순위에서 도외시됐다. 오히려 한·일 관계를 관리해야 할 정부가 감정을 드러내면서 싸움을 자초했다.

Ⅰ. 한·일 관계의 현주소

한국에서는 일본의 반발이 날로 거세지는 것에 의아해할 수도 있다. 그러나 일본의 상황은 생각하는 것보다 훨씬 심각하다.

첫째, 한국이 법치주의 국가인가에 대한 의문이 일본 내에 팽배해 있다. 그들은 한국 법문화가 일본과 다르다는 것을 인정하지 않는다. 위안부 판결에 대해서도 일본은 1965년 한·일 청구권협정과 2015년 한·일 위안부 합의에 위반된다고 굳게 믿고 있다. 현재 국제법의 흐름이 인권을 중시한다고 해도 일본은 받아들이지 않는다.

둘째, 스가 요시히데(菅義偉) 정부의 정치적인 상황도 한국과의 타협을 어렵게 한다. 코로나19로 인해 지지율이 큰 폭으로 하락하고 있는 스가 총리는 국내 정치가 발등의 불이 됐다. 게다가 도쿄올림픽마저 개최하기 어려운 상황이 되면서 스가 총리는 단명할 위기조차 있다. 이런 상황에서 스가 총리는 국내 대책에 매몰돼 대한 정책에서 미지근한 대응을 한다고 일본에서 도리어 비판을 받고 있다. 따라서 스가 총리가 여론을 거스르면서 한·일 관계를 개선할 것으로는 상상하기 힘들다.

셋째, 문재인 정부에 대한 불신으로 대화 제의조차 선의로 받아들이지 않는 상황이 됐다. 스가 총리는 외교에는 문외한이다. 예외적으로 스가 총리가 외교에 전념한 사안이 '2015년 한·일 위안부 합의'였다. 그러나 문 정부가 한·일 위안부 합의를 형해화하면서 감정의 악화는 시작됐다. 그리고 한·일 양국이 개인 청구권을 인정한 강제징용 판결, 레이더 조사 조건, 그리고 지소미아 파기 카드 등으로 진흙탕 싸움을 지속하면서 일본 정치권은 문 정부에 대한 불신이 깊어졌다. 이번 위안부 판결은 일본의 대한 인식을 더욱더 악화시킨 것에 틀림없다.

　일본의 반발이 강화되는 상황에서 위안부 판결의 정당성을 납득시키기는 것은 지난한 과제가 됐다. 그렇다고 일본이 사죄와 반성을 해야 한다는 당연한 주장도 현실화하기 어려운 상황이 됐다. 현실적 위안부 해법은 일본의 사죄와 반성을 근거로 만들어진 아시아여성기금, 화해치유재단의 역사에서 그 실마리를 찾을 수 있다. 일본의 불철저한 사죄를 보완하기 위해서라도 정부의 노력이 무엇보다 중요하다. 지금까지 양국 정부는 위안부 피해자들의 마음을 사는 사후 조치를 등한시하고, 게다가 시민단체의 힘에 눌려 갈등관리에도 실패했다. 2015년 위안부 합의를 보더라도 아베 신조(安倍晋三) 총리는 사죄의 편지도 거부하고 박근혜 대통령은 피해자조차 만나지 않았다. 문 정부는 화해를 원하는 피해자와 불만을 가진 피해자들의 대립을 수수방관하면서 국내 정치에 이용하는 경향조차 있었다. 스가 정부도 여론의 눈치를 보면서 원칙론만 고집했다. 이 과정에서 원리주의자들의 목소리는 커지고 한·일 갈등은 고착화되는 악순환이 반복됐다. 결국 정부의 관리 실패로 강제징용 피해자와 위안부 피해자들은 한국 법원에 기댈 수밖에 없는 상황이 된 것이다.

II. 문재인 정부의 대일 정책 문제점

　지금까지 문 정부는 투 트랙(two track) 접근보다는 피해자 중심주의가 우선하는 측면이 있었다. 한국 정부가 투 트랙 접근을 실현하기 위해서라도 피해자들을 설득할 수 있는 제도적 장치를 마련하는 것은 필요하다. 안타깝게도 문 정부는 피해자들과의 대화도 적극적이었다고 보기 어렵다. 문 정부가 과거사 문제를 관리하고자 하는 의지를 가지고 피해자들(위안부, 강제징용)과 대화에 많은 노력을 기울였다면 대일 정책에서 한국 정부의 선택지는 확대됐을 것이다. 또한 피해자 중심주의를 표방하는 문 정부가 피해자들의 입장을 이해하고 합의를 도출하는 상황을 만들었다면 투 트랙 접근도 효과를 발휘할 수 있었을 것이다.

문 정부의 방치에 가까운 대일 정책으로 인해 한·일 관계에서는 피해자와 가해자의 역전 현상이 일어났다. 가해자인 일본이 한국에 약속을 지키라고 요구하는 상황에서 일본의 사죄와 반성은 실종됐다. 게다가 미·중 전략 경쟁 속에서도 국익보다는 과거사 프레임에 매몰되는 우를 범했다. 물론 일본의 무성의한 태도가 문제이지만, 장기적이고 전략적 관점에서 한·일 관계를 생각하지 못하는 문재인 정부도 책임이 있다. 그 결과 일본은 지난 3·1절 문 대통령의 대화 제의에도 별다른 반응을 보이지 않았다. 일본은 지난 1월 연두 기자 간담회에서 대화 제의에 구체적 행동을 보이라고 요구하고 있기 때문이다. 이번 문 대통령의 3·1절 연설에 대해서도 가토 가쓰노부(加藤勝信) 관방장관은 "한·일 관계를 건전한 관계로 되돌리기 위해서도 일본의 일관된 입장을 바탕으로 한국 측에 적절한 대응을 강력히 요구하고 있는 것에는 변함이 없다"고 덧붙였다. 이제는 대화 제의를 하더라도 일본이 믿지 않는 상황이 된 것이다. 이러한 상황에까지 이르게 된 것은 한·일 정부가 과거사 프레임에 매몰돼 제대로 된 대화를 하지 못했기 때문이다.

미국 바이든(Joseph R. Biden, Jr.) 정부가 출범하면서 자유민주주의 가치에 기반한 국제연대에 한·일은 함께 협력을 요구받을 상황이 도래했다. 바이든 대통령은 2013년 12월 부통령 당시에도 중국을 겨냥한 한·미·일 공조와 한·일 관계 개선을 강조한 바 있다. 바이든 대통령은 중국의 도전에 대항하기 위해 동맹국과 함께 군사적 억제, 인권과 민주주의를 통한 국제 규범을 중시하고 있다. 이 점에서 바이든 행정부는 이전보다 더 적극적으로 한·미·일 협력을 강조할 것으로 보인다. 그런데 최근 한·일 양국의 행태는 협력과는 거리가 멀다. 문재인 정부는 미·중 전략 경쟁 속에서도 과거사 프레임에 매몰돼 국익을 제대로 실현하지 못하는 우를 범했다. 안보 협력을 중시해야 될 한국은 지소미아 파기를 대항 카드로 잘못 사용해 한·미 동맹의 근간을 흔들었다. 반면 그 어느 국가보다 자유무역주의를 신봉해야 될 일본도 대한 수출 규제 조치로 자신의 입지를 축소시켰다. 즉, 한·일 양국은 감정에 치우친 나머지 서로의 발목을 잡으면서 자신의 국익마저 훼손시키는 상황을 만든 것이다.

최근 한·일 갈등의 내면에는 상대방을 굴복시켜 자신의 의지를 강요하고자 하는 배타적 민족주의 정서가 깔려 있다. 아베 총리가 전격 실행한 대한 수출 규제 조치는 일본이 우위에 있다는 민족적 자신감의 발로이며, 상생 협력과는 거리가 먼 것이었다. 스가 총리도 강제징용 문제는 한국이 풀어야 된다는 입장을 고수하는 것을 보면 일본의 오만함은 여전하다. 문 정부도 '죽창가'를 올리면서 반일 감정을 자극한 점에는 다를 바 없다. 게다가 문 정부는 남북 관계 개선에 치우쳐 일본을 '방해자'로 보면서 일본과의 실질적 협력에는 등한시한 측면이 있다. 양국 정부 모두 배타적 민족주의를 정치적으로 이용함으로써 지금의 한·일 불신을 가중시킨 측면이 있다.

Ⅲ. 한·일 관계는 내셔널리즘, 포퓰리즘의 악순환

최근 한·일 양국에서는 한·일 관계를 국내 정치로 이용하려는 측면이 강하다. 진보 진영에서는 한·일의 타협의 역사를 잘못된 역사의 과정이라고 보는 인식이 있다. 한국에서는 정부가 어정쩡한 타협을 인정함으로써 일본의 법적 책임을 인정받지 못한 것이 근본적 문제라고 비판한다. 일본 또한 한국과 타협을 해서는 안 된다는 목소리가 높다. 이참에 약간의 피해가 있더라도 한·일 관계의 원칙을 정립해야 한다는 주장마저 있다. 이번 위안부의 판결로 한·일 양국의 원리주의자의 주장이 거세질 것 같아 우려를 금하지 않을 수 없다. 이 시점에서 우리는 지금까지 한·일 양국이 해온 노력을 부정하기보다는 교훈으로 받아들이는 지혜를 가져야 한다. 한·일 관계의 역사는 상대방을 비난만 한 것이 아니라 공생할 수 있는 해법을 찾았던 것이다.

지금까지 한·일 양국은 1965년 기본조약의 불충분함을 인정하고 과거사 문제에 대해 보완 조치를 취하면서 한·일 관계가 발전할 수 있었다. 1960년대까지만 하더라도 한국에 역청구권을 주장했던 일본 정부도 한국의 끊임없는 노력에는 양보를 하지 않을 수 없었다. 일본군 위안부에 대한 강제성을 인정한 1993년 고노(河野太郎) 담화, 아시아 국민들의 피해와 고통에 사죄하는 1995년 무라야마(村山富市) 담화, 미래 지향적인 한·일 관계를 만들고자 했던 1998년 김대중-오부치(小淵惠三) 한·일 공동선언, 2010년에는 급기야 한국을 직접 언급하며 사죄한 간(管直人) 담화로 이어졌다. 불충분하지만 아베 총리조차 2015년 한·일 위안부 합의에서 책임을 인정한 것이다. 한국이 일본의 법적 책임을 도의적이고 인도적인 측면에서의 책임을 인정하게 만듦으로써 한·일 관계는 발전할 수 있었다.

현재 한·일 관계의 갈등은 한·일 양국이 내셔널리즘, 포퓰리즘의 악순환에 빠질 수 있다는 점이다. 최근 한국에서는 일본의 부당한 수출 보복 조치에 한국 국민들의 분노는 격앙돼 있다. 일본 물건에 대한 불매운동은 점차 확산되고 있으며, 심지어는 일본 관광까지 자제하는 분위기가 됐다. 그 결과 한국의 정국은 '친일 대 반일'의 프레임으로 흘러가는 경향이 있다. 현재 한국의 분위기는 일본의 경제 보복 조치에 대해 반일이 애국이라는 상황이 만들어지고 있다.

이런 상황이니 대일 정책에서 국익을 진지하게 논의하기는커녕 상대방을 비난하는 것이 애국인 것처럼 비쳐진다. 게다가 최근의 한·일 정부의 움직임을 보면 갈등은 장기화될 가능성이 높다. 최근 문 대통령의 대화 발언에 일본 정부가 무시하는 태도로 일관하면서 한·일 양국은 대화조차 제대로 이뤄지지 못하고 있다. 한·일 관계를 개선하고자 하는 의지는 전혀 보이지 않는다. 한국 정부도 강제징용 문제에서 개인 청구권을 인정한 사법부의 판단을 존중하는 입장 이외에는 뚜렷한 방침을 내놓지 못한 상황이다.

문제는 한·일 양국이 진흙탕 싸움에서 누구도 승리할 수 없다는 것이다. 한·일 관계 악화는 벌써부터 국제 관계(대북 문제 포함)에서 비용을 치르고 있다. 지금까지는 한·일 양국이 대립을 하더라도 전략적인 고려를 통해 다시 복원될 수 있었다. 현재의 한·일 양국은 상대방을 자국의 정책을 방해하는 훼방꾼으로 보는 인식이 강해 전략적인 타협을 어렵게 한다. 일본 정부는 인도-태평양 전략에서 한국을 포함시키지 않고 있으며, 한국 배제 전략을 생각하고 있는 것처럼 보인다. 최근 러시아의 군항기가 한국 영토를 침범했을 때도 이전과 달리 한·일이 같은 목소리를 내는 것이 아니라 자국의 주장만을 되풀이하는 상황이 벌어졌다. 게다가 한·일 양국의 상대방에 대한 비난이 도를 지나쳐 국제 사회가 외면할 정도가 됐다.

한·일 양국이 상대방을 불신해서 외교적인 배려는커녕 서로 소통하는 자세를 보이지 않는 것은 위험하다. 지금의 한·일 관계는 상대방에 대한 무지와 오해 그리고 불신이 더해지는 등 감정 대립이 격화되고 있다. 현명한 싸움을

하기 위해서라도 양국 정부는 냉정하게 출구전략에 대한 대비책을 마련해야 한다. 이전의 한·일 관계는 상대방을 비난하면서도 가교 역할을 하는 파이프라인은 존재했다. 그러나 이제는 개인적 신뢰와 외교적 역량에 매달릴 수 없는 상황이 됐다. 지금이라도 징용공 문제를 원만히 해결하기 위해서는 한·일 양국이 머리를 맞대고 협의하는 자세로 돌아와야 한다. 징용공 문제에 대해서는 해결책이 없는 것이 아니다. 다만 양국의 정상이 결단을 내리지 못하기 때문이다. 한·일 양국은 서로를 냉정히 바라보면서 상대방을 전략적으로 고려하는 모멘텀이 필요한 시기다. 당장은 냉각기를 가지면서 상대방의 전략적 필요성을 재인식해야 한다. 그리고 새로운 한·일 관계의 제도적인 프레임을 한·일이 함께 고민해야 한다.

IV. 한·일 관계의 변화 요인

역사적으로 악화됐던 한·일 관계가 개선되는 경우는 미국의 압력, 이익을 중시하는 여론의 변화, 그리고 전략적 필요성 등의 흐름이 거세질 때였다. 최근에는 미국 바이든 대통령의 등장, 한·일 양국의 위기의식, 북핵 문제 해결의 실종, 그리고 미·중의 대결 양상의 심화는 한·일 관계의 새로운 변화에 영향을 주고 있다.

첫째, 바이든 대통령의 등장은 한·일 관계 개선을 위해 움직일 가능성이 높아지고 있다. 문재인 대통령이나 스가 총리가 쉽게 한·일 관계의 개선을 위해 타협하기는 어려운 국내 상황이 있지만, 미국이 한·일 관계 개선에 영향을 줄 가능성은 높아졌다. 바이든 정권은 오바마 정권과 마찬가지로 한·미·일 협력을 중요시하기 때문이다.

둘째, 현금화 조치로 인한 한·일 관계의 악화는 한·일 양국 모두 피해를 입는다는 인식도 점차 커지고 있다. 이로 인해 한국의 정치권이 한·일 관계에 대한 위기의식을 느끼면서 징용공 문제를 풀고자 하는 움직임이 나타났다. 그 예가 문희상 안이다. 그러나 안타까운 것은 한·일 관계를 개선하려는 움직임이 일본에서는 그다지 보이지 않는다는 데 있다.

셋째, 북한 문제에 대한 한·일 협력은 더욱더 필요해졌다. 바이든 정권이 확립하기까지 북한은 노골적으로 핵능력을 향상시키면서 협상에서 우위를 점하려는 노력은 강화될 가능성이 높다. 북한 문제에 대한 한·일 정부의 인식 차는 여전히 존재한다. 그러나 북한이 핵 보유 국가를 굳히려고 발버둥치는 상황에서는 한·일 공동 대처는 피할 수 없게 됐다.

또한 미·중 전략 경쟁의 심화는 한·일 양국이 전략적 협력을 요구하고 있다. 미국에 대한 동맹의 부담과 더불어 중국에 대한 불안이 동아시아 질서의 불안정으로 이어지면서 한·일 양국의 불안은 확산되고 있기 때문이다. 그 예로 중국과의 대응에서도 한·일은 유사한 입장에 있다. 이러한 전략적인 부분을 간과해서는 안 된다.

V. 대일 정책의 방향

앞으로 한·일 관계의 안정적 기반을 마련하기 위해서라도 한국 정부는 과거사는 관리하며, 이익은 확대하고, 전략은 공유해야 한다. 미·중 대립이 심화되면서 각국의 합종연횡이 빈번한 최근 국제 정치 상황에서는 한·일 양국의 이익은 수렴하는 측면이 많다. 미·중으로부터 자신의 편에 서기를 강요받는 지금의 상황에서는 중견국의 역할을 확대하고 강대국 정치의 시련을 피하기 위해서라도 한·일 협력은 필수적이다. 한·일 양국이 자유주의 이념에 기초해서 강대국의 자의적 강권 질서에 반대하고, 자유무역 질서의 확산을 주장하는 중추적 동반자로서 협력한다면 서로의 국익을 증진시킬 수 있는 것은 말할 필요가 없다.

한·일 협력은 한·일 양국 정부가 배타적 민족주의 정서에서 벗어나 투 트랙 접근(과거사와 경제·안보 협력의 분리)을 실천하는 것에서 강화될 수 있다. 양국 정부 모두 과거사 문제(강제징용 문제, 위안부 문제)를 무엇보다 우선시하면서 투 트랙 접근은 말잔치로 끝났다. 지금이라도 양국 정부가 투 트랙 접근의 원칙으로 돌아가 상대방에 대한 전략적 위상을 재고해야 한다. 이를 위해 한·일 양국은 당장의 과거사 현안보다는 갈등관리를 우선하면서 한·일 협력의 동력을 찾아야 한다. 투 트랙 정책이 실질화되기 위해서는 과거사 문제의 갈등으로 한·일 협력을 미룰 것이 아니라 한·일 협력이 필요한 부문에서는 가시적인 성과를 내야 한다. 특히 매우 어려운 상황을 맞고 있는 코로나19 대응에 대한 한·일 협력은 우선적 과제다. 북한 문제에서도 한·일 양국의 협력은 매우 중요하다. 한·일 양국이 대북 문제에서 방법론은 차이가 있을지라도 협력을 해야 한다는 전략적 자세를 포기해서는 안 된다.

한·일 화해를 어떻게 이룰 수 있는지에 대한 전략적 고민도 필요하다. 한·일 양국이 과거사에 대한 합의가 이뤄지기 어렵다고 해서 국제사법재판소에 제소하는 것은 바람직하지 않다. 국제사법재판소의 제소는 최종적으로 택할 수 있는 카드이지만, 한·일 양국의 대화와 협상이 우선 추진돼야 한다. 한·일 양국이 합의점을 도출하는 지혜와 용기를 가질 때 비로소 한·일 간에 화해가 이뤄질 수 있기 때문이다. 이를 위해서 한국 정부는 과거사 문제를 관리하고자 하는 의지를 가지고 피해자들(위안부, 강제징용)과 대화에 많은 노력을 기울여야 한다. 피해자 중심주의를 표방하는 문 정부가 피해자들의 입장을 이해하고 합의를 도출할 때 한·일 화해 과정은 결실을 맺을 수 있다. 한국 정부의 피해자를 위한 대화 노력은 일본이 한국을 신뢰하는 기반이 될 것이다. 이 과정에서 일본은 대한 수출 규제 조치를 해제하고 한국은 현금화 조치를 유예한다는 현상 동결이 이뤄져야 한다. 현상 동결이 이뤄질 때 한·일 대립은 완화될 수 있으며 한·일 갈등의 해법을 찾을 수 있는 여유도 가지게 된다. 불신이 앞서는 현재의 상황에서는 한국과 일본이 동시 행동을 해야 한다. 하나의 대안으로서는 일본은 사죄와 반성에 대한 상징적인 조치를 만들고, 한국 정부는 강제동원 판결 배상금을 대위변제하면서 강제동원 문제에 대한 물꼬를 트는 것이다. 최종적으로는 한·일 양국의 합의에 의한 한·일기금이나 한국의 여야가 합의한 과거사 특별법으로 매듭지어야 할 것이다. 이러한 단계적이고 포괄적인 접근이 현실화되기 위해서는 상대방에게만 해결책을 기대해서는 안 된다.

그리고 한·일 관계를 정상화하기 위해서는 대통령의 의지와 결단이 필요하다. 대일 외교의 방향이 여론에 휩쓸리고, 여론을 움직이는 방향으로 진행되는 상황에서 외교 당국자들의 공간은 더욱더 줄어들 수밖에 없다. 대통령이 한·일 관계 개선 의지를 갖지 않은 상황에서 당국자 간 대화에서 성과를 바라는 것은 '우물에서 숭늉을 찾는' 꼴이다. 한·일 대화가 실질적인 결실을 맺기 위해서는 대통령이 나서서 대화를 위한 구체적이고 적극적 행동을 보일 필요가 있다. 현재 한·일 양국의 분위기를 전환하기 위해서라도 한·일 정상의 만남은 더 이상 한·일 관계를 악화시켜서는 안 된다는 의지를 보여줘야 하며, 한·일 관계의 악화를 막는 '신사협정'이 나와야 한다.

한·일 간 군사정보보호협정(GSOMIA) 갈등

진창수

Ⅰ. 지소미아의 의의와 한계

군사정보보호협정(General Security of Military Information Agreement)은 협정을 맺은 국가 간에 군사 기밀을 서로 공유할 수 있도록 맺는 협정으로, 영어 약자를 따 '지소미아(GSOMIA)'라고도 한다. 국가 간 정보 제공 방법, 정보의 보호와 이용 방법은 물론 제공 경로와 제공된 정보의 용도, 보호 의무와 파기 등의 내용을 규정하고 있다. 다만 협정을 체결해도 모든 정보가 상대국에 무제한 제공되는 것은 아니며, 상호주의에 따라 사안별로 검토해 선별적인 정보 교환이 이뤄진다.

한국은 현재 34개국 및 북대서양조약기구(NATO) 등과 군사정보보호협정 및 약정을 체결한 상태이며, 일본과는 2016년 11월 23일 33번째로 군사정보협정을 체결했다. 한국은 32개국과 맺은 군사비밀정보보호협정에서는 유효기간을 따로 정하지 않거나 5년으로 정한 반면, 일본과의 유효기간은 1년으로 정했다. 지소미아는 북한군과 핵·미사일 등에 대한 정보 공유를 목적으로 한국과 일본이 맺은 첫 군사 분야 협정이다. 한·일 양국은 1년 단위로 협정을 연장하면서 협정 종료를 원하는 국가는 만료 90일 전 종료를 통보하도록 했는데 이 시한이 매년 8월 24일이다. 다만 기한 만료 90일 전 협정 종료 의사를 서면 통보하지 않는 한 자동으로 1년 연장된다. 이 협정으로 한·일 양국은 북한의 핵과 미사일 동향 등 대북 군사정보를 미국을 거치지 않고 직접 나눌 수 있게 됐다. 사실 한국과 일본은 서로 지소미아를 체결하지 않아도 정보를 공유할 수 있다. 지난 2014년 한·미·일 3국 간에 체결된 정보공유협정(TISA)은 한·미 간에 맺어진 지소미아와 미·일 간에 맺어진 지소미아를 근거로, 한국이 미국에 제공한 대북 정보를 미국이 한국 국방부의 허가를 받고 일본에 제공할 수 있다. 일본이 미국에 제공한 대북 정보 역시 미국이 일본 방위성의 허가를 받고 한국에 제공할 수 있다. 그러나 항상 미국을 중개하지 않고는 한·일이 직접적으로는 주고받을 수 없기 때문에 TISA는 한계를 가질 수밖에 없다.

Ⅱ. 한·일 간 지소미아 갈등과 협력의 필요성

문재인 정부는 2019년 8월 22일 "일본이 우리나라를 화이트리스트에서 배제하는 등 협정을 유지하는 것이 우리의 국익에 부합하지 않는다고 판단했다"며 한·일 군사정보보호협정(GSOMIA) 종료를 공식 발표했다. 이후 정부는 2019년 11월 23일 0시를 기해 발효될 예정이던 한·일 군사정보보호협정 종료 통보의 효력을 일시 중지했다. 종료 통보 효력이 발생하기 하루 전인 11월

22일 정부가 수출규제 문제 해소를 위해 '지소미아 종료 조건부 유예'를 내걸며 일단은 유명무실하게나마 그 효력이 이어지고 있다. 문 정부는 특정 시한에 구애받지 않고 언제든지 지소미아를 종료할 수 있다는 입장이다. 일본 정부는 지소미아와 관련해 공식적인 견해를 발표하지 않았으나 언제든지 지소미아를 종료할 수 있다는 한국의 주장을 인정하지 않는 것으로 전해졌다.

그런데 최근 북한이 동해상으로 탄도미사일을 발사하자 일본이 곧바로 지소미아를 거론하고 나서 눈길을 끈다. 북한이 '신형 전술유도탄'을 발사한 2021년 3월 25일 일본의 가토 가쓰노부 관방장관은 기자회견을 통해 "한·일 관계는 악화한 게 사실이나 지소미아를 통해 (한국과) 적절하게 정보를 공유하고 있다"며 "한·미·일 3개국을 비롯한 국제 사회와 긴밀히 제휴하면서 필요한 정보 수집·분석·경계 감시에 전력을 다하겠다"고 언급했다. 북한 감시는 물론 중국까지 동시에 압박할 수 있는 지소미아는 미국이 늘 원해 오던 카드다. 이에 미국이 한국에 지소미아 정상화를 요구할 수 있다는 관측도 나온다. 특히 우리 정부가 중국과의 직접적인 대치를 피하고자 '쿼드(QUAD: 미국·일본·호주·인도 4국 연합체)' 가입을 꺼리고 있는 만큼 미·중 간 줄타기 외교를 위해 지소미아 정상화를 받아들일 수 있다.

한·일 지소미아를 체결하면 한국의 군사 기밀이 일본에 송두리째 넘어가고 한국의 주권에 치명적인 손상을 받는다는 황당한 루머조차 있을 정도로 가짜 뉴스가 난무했다. 그러나 지소미아는 비밀을 교환할 경우 서로가 관리를 잘 하자는 국가 간의 일상적인 약속 문서로, 주권과는 전혀 상관이 없는 사안이다. 지소미아 체결 후 5년이 지났지만 우리 군사 기밀이 일본으로 일방적으로 넘어간 사례가 없고, 지금은 그다지 활용되고 있지도 않다.

한·일 간 체결된 지소미아는 일본에 더 득이 되는 협약이라는 시각도 있다. 일본 입장에서는 조총련의 휴민트(HUMINT: human intelligence)가 예전 같지 않고, 북한의 탄도미사일이 본토를 향할 경우 요격을 위해서는 한국군의 레이더 정보를 신속히 받는 게 중요하다는 주장이다. 그리고 이런 시각은 최근 한·일 무역분쟁 때 문재인 정부가 지소미아 파기를 압박용 카드로 꺼내든 이유 중 하나였다. 그러나 지소미아가 일본에 더 유리하다는 주장은 근거가 희박하다. 그 예를 들면 북한이 미사일을 발사했을 때 우선 미국의 정보자산이 이를 정확히 파악하는 것은 물론이다. 그리고 한국의 휴민트나 최소 발사 단계에 대한 정보는 한국도 가지고 있지만, 최종 단계에서 일본 지역이 떨어지는 부분에 대해서는 일본의 정보자산도 한몫을 할 수 있다. 특히 일본 자위대의 잠수함 등에 대한 탐지 능력은 한국 국방·정보당국이 높이 평가하는 측면이 있다. 따라서 종합적으로는 한·미·일이 협력해 북한의 위협에 대한 정보를 종합적으로 파악하는 것이 더 중요하다. 따라서 어느 쪽이 더 유리한 것을 따지기 전에 한국의 안보 위협을 제거하는 데에 목적을 둬야 한다. 즉, 한·일은 북한·중국과 대치하는 데 손을 잡아야 한다는 중요성이 커지고 있으며, 미국의 동맹국끼리 각을 세워 지역 안보전략에 그림자를 드리우는 상태는 어느 쪽의 이익도 되지 않는다는 것에 방점이 두어져야 한다.

문재인 정부는 미국의 경우 한·일 간 지소미아와 관계 없이 양국으로부터 대북 정보를 얻을 수 있고, TISA를 통해 한·미·일 3국간 정보 공유도 원칙적으로는 가능하기 때문에 미국도 크게 반대하지는 않을 거라 예상했던 것이다. 그러나 미국은 예상과 달리 강력하게 반발했고, 지한파 미국 정치인들조차 "한·미 동맹을 훼손하게 될 것"이라고 경고했다. 결국 지소미아는 파기되지 않았고, 문재인 정부는 "종료 통보의 효력 정지"라고 표현했지만 사실상 연장되고 있는 상황이다.

119

미국이 예상보다 강력하게 반발했던 이유는 '지소미아'의 실효성보다 상징성 때문이라고 볼 수 있다. 즉, 북·중·러에 맞서 한·미·일이라는 삼각동맹을 구축하려던 미국에 지소미아는 그 삼각동맹의 핵심 상징이라고 본 것이다. 그 예로 2020년 9월 내퍼(Mark Knapper) 미 국무부 한국·일본 담당 동아태 부차관보는 '세계지식포럼'에 화상으로 참석해 중국을 "민주주의의 위협"이라고 표현하고, 미국의 역내 이익을 위해서는 한·일 우호가 중요하다며 대표적인 사례로 한·일 군사정보보호협정(GSOMIA, 지소미아)을 거론했다. 내퍼 부차관보는 "지소미아는 미·한·일 3국이 역내 위기에 신속히 대응하는 데 핵심적인 역할을 한다"며 "미국의 국가안보뿐 아니라 한국, 일본의 국가안보와 관련이 있다"고 말했다. 또한 "지소미아 같은 합의가 매일 제공하는 혜택보다 더 중요한 것은 3국의 관계가 자유민주주의, 표현·집회·언론·종교의 자유 등 공통된 가치에 기반을 두고 있다는 점"이라고 설명했다.

앞으로 한·미·일 협력의 실효성을 위해서라도 한·일 지소미아 협력은 필요하다. 북한의 핵능력과 미사일 고도화 등 군사적 위협에 대한 대응은 물론 역내 안정 등에 한·일 지소미아 협력이 근간이 될 수 있다. 오는 8월이면 2021년 연장 방침(3개월 전 사전 통보)을 결정해야 한다. 지난 2019년과 같은 갈등을 더 이상 반복해서는 안 된다. 금번 협정 연장을 계기로 현재의 불분명한 협정 개념을 새롭게 해서 한·미·일 안보 협력을 보완하는 신GSOMIA 협정으로 체결되는 것이 바람직하다.

한·러 관계의
현황과 전망

이상준

Ⅰ. 한국의 대러 정책 현황과 문제점

1. 역대 정부의 비교적 일관된 대러 정책

한국의 대러 정책은 정권의 영향을 가장 적게 받은 정책 중 하나다. 탈냉전 이후 한국의 역대 정부는 남북 관계의 평화와 번영을 목적으로 러시아와의 경제적·정치적·외교적 협력을 확대하기 위해 노태우 정권의 북방정책 기조를 계승해 왔다. 문재인 정부가 신북방정책이라 명명하고 대러 정책을 추진한 것도 이러한 맥락에서 비롯됐다. 역대 정부의 대러 정책은 비교적 일관성을 보였지만 러시아와의 정책 정합성은 진보정권이 좀 더 많았다.

역대 정부 대러 정책

구분	주요 내용	개념
노태우 정부	· 중국, 소련 및 동구권 국가들과의 외교 관계 수립 · 남북 관계 개선	북방정책
김영삼 정부	· 세계화 정책의 맥락에서 북방국가 외교 추진	세계화정책
김대중 정부	· 한반도 평화 증진을 위한 중국 및 러시아와의 협력	햇볕정책
노무현 정부	· 김대중 정부의 햇볕정책 계승 · 동북아의 경제 중심 국가로의 발전을 위한 협력	동북아의 평화와 번영
이명박 정부	· 전 아시아와 경제-안보-문화를 연계한 전방위 협력 · 에너지 자원외교 및 남·북·러 가스관 사업 추진	자원외교
박근혜 정부	· 하나의 대륙, 창조의 대륙, 평화의 대륙이라는 목표하에 유라시아의 협력 증진 구상 · 철도 물류 등의 기반 구축 및 협력 추진	유라시아 이니셔티브
문재인 정부	· 9 Bridge 전략 + α · 북방경제협력위원회 설치	신북방정책

문재인 정부는 정권 초기 러시아와의 협력을 강화하기 위해 2017년 6월 대통령 직속 북방경제협력위원회를 설치했다. 그해 9월 블라디보스토크에서 개최된 제3차 동방경제포럼 기조연설을 통해 문 대통령은 한국 정부의 신북방정책 비전을 선언하고, 한·러 간 주요 협력 분야인 9-Bridge 전략 구상을 제시했다. 9-Bridge에 포함된 가스, 전력, 철도, 북극항로, 항만, 조선, 농업, 수산, 일자리 등 9개 분야는 그간 한·러 간 협력 가능성이 높은 분야로 구성돼 있어 실질적인 성과를 기대할 수 있었다. 정권 초기부터 대러 협력을 강화하기 위한 노력이 있었으나 결과적으로 양국 간 협력은 기대한 수준에 미치

지 못하고 있다. 코로나19 직전 양국 간 상호 방문객 수가 많이 증가하는 등 가시적인 성과도 있었다. 그러나 무역이 회복세를 보였지만 2014년 최고치를 넘어서지 못하고 있으며, 투자 역시 양적으로나 질적으로 낮은 수준에 머물러 있다. 새로운 협력 플랫폼으로 한러혁신센터를 개설하는 등 첨단과학기술 분야의 협력 생태계를 조성했으나 이미 조성된 한·러 투융자 플랫폼은 거의 활용되지 않고 있다.

2. 대러 정책의 구조적 문제점과 외교적 해결 수단의 필요성

한·러 협력이 변죽을 울린 것에 비해 성과가 미진한 것은 다음과 같은 구조적인 문제를 해결하기 위한 외교적 노력이 충분하지 않았기 때문이다. 첫째, 한국의 대러 정책은 한·미 동맹이라는 외교·안보 구조하에서 합리적으로 설정돼야 한다. 둘째, 한·러 간 경제 협력을 강화한다고 한·러 외교안보 협력이 반드시 공고히 되는 것은 아니다. 셋째, 한·러 양자 협력과 남·북·러 3각 협력이 병렬적으로 진행될 수 있게 해야 한다는 점이다.

세부적으로 들어가서 첫째, 한·미 동맹이라는 우리나라의 외교·안보 구조하에서 합리적인 한·러 관계를 설정하기 위해서는 미·러 관계를 차분하게 고려해야 한다. 2014년 러시아가 크림반도를 합병한 뒤 미·러 관계는 계속 악화됐다. 러시아의 미국 대선 개입이라는 악재로 미·러 관계는 냉전 종식 이후 최악이다. 이와 같은 상황은 바이든 정부 출범 이후에도 계속 이어지고 있다. 심지어 미국은 2021년 4월 15일 러시아의 미국 대선 개입과 연방기관 해킹 혐의 등을 이유로 러시아의 32개 기관을 제재했고 워싱턴 DC 주재 러시아 외교관 10명을 추방했다. 러시아도 이에 맞서 미국 외교관 10명을 추방했다. 또한 비슷한 시기 러시아는 군사력을 우크라이나 접경 지역에 대규모로 배치해 군사훈련을 하는 등 우크라이나와의 군사적 긴장을 고조시키기도 했다. 지난 2021년 6월 16일 개최된 미·러 정상회담에서 양국은 핵전쟁 방지를 위한 전략적 안정성에 대한 짧은 공동성명을 채택했지만 해킹 등 사이버 보안과 인권 문제에서는 인식의 간격을 좁히지 못했다는 평가를 받았다.[1] 그러나 러시아가 경제적으로 중국에 기우는 것이 바람직하지 않다는 서방의 우려도 있기에 서방과 러시아 간 관계 개선의 시도도 존재하며, 이는 한·러 협력에도 긍정적으로 기여할 것이라는 시각도 존재한다.[2]

서방의 대러 제재 및 관계 악화는 러시아와의 경제 협력을 통해 지정학적 갈등 구도를 지정학적 협력 구도로 해결하려는 한국 정부의 노력을 무산시키고 있다. 문재인 정부는 러시아와의 경제 협력을 통해 실질적인 성과를 도출하고 저하된 한·러 간 신뢰를 개선하고자 했다. 지정학적 갈등을 예방하기 위해 러시아와의 협력 필요성은 인정했지만, 미국 당국에 한·러 관계 개선의 의미를 제대로 설명할 수 있는 전략을 수립하지 못했다. 과거 노태우 정부가 북방정책의 성과를 거둘 수 있었던 중요한 이유는 미국과의 관계를 바탕으로 했기 때문이다. 당시 한국 정부는 해양 세력을 등에 업을 수 있었기에 소련과의 외교 수립도, UN 가입도 가능했다.

미·러 관계가 좀처럼 개선될 기미를 보이고 있지는 않지만 그래도 미·러 양국이 공조할 수 있는 분야는 핵확산 방지와 기후 변화 대응 등이다. 바이든 행정부는 이란 핵 합의 복원에 적극적이다. 또한 러시아가 2021년부터 북

---

1 연합뉴스, 미러 정상회담에 외신 "돌파구 없어... 안권·사이버 문제 긴장" 2021.06.17.
2 박병환, [외교 한마디] 최근 푸틴-바이든 정상회담과 한러 관계, 천지일보, 2021.07.11.

극이사회 의장국으로 활동하게 되는데 북극에서의 기후 변화 대응은 양국이 협력할 수 있는 의제다. 푸틴(Vladimir V. Putin) 대통령은 미국과의 정상회담을 통해 최악 수준에 있는 양국 관계 개선을 모색하고 있으며, 전략적 안정성(핵군축 문제), 국제 분쟁 해결 방안, 군축, 테러리즘 대응, 신종 코로나바이러스 감염증(COVID-19) 팬데믹 대응, 환경 문제 등을 회담 의제로 고려한다고 밝히기도 했다. 러·중 대 미·일 간 신냉전 대립 구도는 한반도 평화와 번영에 위협이기에 남·북·러 3자 경제 협력을 포함한 대러 경제협력 확대를 미국이 부정적으로 바라보지 않도록 효과적인 정책 논리가 개발돼야 한다.

둘째, 러시아는 한반도 문제에서 자국의 역할이 제한적이라는 사실을 잘 인식하고 있으며, 무리하게 한반도 정세에 관여하지 않고 비핵화 프로세스의 진전에 따라 반응해 움직일 가능성이 크다. 푸틴 대통령은 2000년 집권한 이후 한반도 균형 정책을 유지하고 있다. 중요한 것은 역사적 경험과 지정학적 특성으로 러시아는 경제적 이익보다 외교·안보를 우선시한다는 점이다. 북·중·러 접경 지역에 위치한 러시아 연해주 하산은 남·북·러, 북·중·러, 한·중·러 등 다양한 조합의 초국경 협력이 가능한 공간이다. 하지만 러시아는 안보적인 이유를 들어 이 지역을 초국경 경제 협력의 공간으로 허용하지 않고 있다. 북극의 야말 가스전이 본격적으로 개발돼 북극항로의 상시 운행 가능성이 커지고 있다. 그런데 러시아는 북극항로 운항 선박을 러시아 생산 선박으로 제한하는 법안을 추진 중이다. 이는 북극 자원 개발과 북극해 이용에 러시아가 자국 영해 내의 독점적 권리를 유지하려는 전략에서 나온 것이다. 러시아와의 관계에서 경제 협력을 통해 외교·안보 협력을 증대할 수 있다는 신기능주의적인 접근이 작동하지 않을 수도 있다는 의미다. 이런 맥락에서 경제 협력을 중점으로 추진하는 북방경제협력위원회의 활동도 중요하지만, 신북방정책의 성공을 위해서는 외교·안보 활동을 강화할 필요가 있다. 러시아의 한반도 전문가들은 한·러 전략적 동반자 관계가 수사적 단계에 머물고 있다고 불만을 토로하기도 한다. 그만큼 대러 외교가 광폭으로 추진돼야 한다.

셋째, 한반도 평화와 번영을 위해 남·북·러 3각 협력은 중요하다. 남·북·러 3각 협력은 양자 협력보다 불확실성이 더욱 크며 한·러 관계보다 남북 관계에 더 영향을 받는다. 러시아가 한반도와 접경하고 있는 이웃나라라는 점에서 한·러 협력과 남·북·러 3각 협력이 유기적으로 연계될 가능성은 크지만 한·러 관계는 남북 문제를 포괄하면서도 글로벌 이슈와도 연계할 필요가 있다. 러시아 외교가 유라시아 대륙을 기반으로 글로벌 무대를 겨냥하고 있다는 점에서 한반도 문제 해결에만 러시아와의 협력을 제한할 필요는 없다. 한국을 방문했던 러시아 주요 인사들의 관심이 한반도에도 있지만 글로벌 이슈에도 있었다는 점이 의미하는 바를 새겨볼 필요가 있다. 러시아와의 관계를 한반도에 국한할 경우 러시아의 활용 폭이 좁아짐을 의미한다. 우리 정부가 한·러 관계와 남·북·러 3각 협력을 병렬적으로 또 독립적으로 접근하는 것이 역설적으로 두 사안의 연계성을 증대할 수 있다는 점을 인식할 필요가 있다.

한편 남·북·러 3각 협력은 러시아와의 합의만으로 추진될 수 없는 사항이다. 북한의 비핵화를 촉발하거나 한반도와 북방국가 간 관계 균형을 명분으로 남·북·러 3자 협력과 관련된 제재를 해제하는 조치 시행을 미국에 제안할 필요가 있다. 러시아는 한반도 비핵화 프로세스에서 자국의 소외를 우려하고 있다. 나진-하산 사업을 UN 제재에서 제외한 것은 러시아 극동과 한반도를 연계하는 협력의 기반을 가지기 위한 포석이다. 북한에서 생산할 수 있는 물자가 러시아에는 필요하지 않지만 한국에는 필요하다는 점도 잘 인식하고 있다. 러시아의 대(對)EU 정책을 중국이 지원하고 중국의 대(對)한반도 정책을 러시아가 지지하는 형태에서 벗어나게 하려면 남·북·러 3각 협력은 전략적으로 추진돼야 한다. 해양 세력의 지지 없이 남·북·러 3각 협력이 실현되는 것의 의미는 크지 않다. 한국의 역대 정부 북방정책은 남북 관계의 긴장으로 근본적으로 추진하는 데 한계가 있었고, 전략적 비전과 외교가 연계되기보다는 경제 협력에 치중함에 따라 실질적 협력을 증진하고 제도화하는 데 한계를 보였다. 문재인 정부에 들어서도 이러한 상황은 크게 개선되지 않았다. 향후 남북 관계 개선과 더불어 한반도 신경제 구상 등을 추진하기 위해 대규모 협력사업이 진행될 경우 미국, 일본이 주요 이해당사자로 있는 세계은행 등 국제금융기관들의 참여가 필요하다. 이런 맥락에서 대러 외교는 글로벌 행위자인 미국과 러시아 간 관계를 이해하는 수단으로도 활용돼야 한다. 북핵 문제가 전략적 쟁점이 되고 있는 상황에 동북아의 안보 질서가 근본적이고 구조적 차원에서 전환되고 있는 역내 환경에서 미국과 중국 간 대립이 심화될수록 러시아의 긍정적인 역할을 찾아야 하는데, 현실적으로 대러 정책이 다른 외교안보 이슈에 매몰돼 충분히 활용되지 못하고 있다. 정권의 성격을 넘어 러시아의 중국 딜레마(미국-캐나다 관계와 같은 형태로 중·러 관계가 전개될 우려)를 활용해 우리 정부는 러시아와의 협력을 더욱 적극적으로 모색해야 한다. 미·러 갈등이 러시아와의 협력에 미치는 부정적 영향을 최소화하기 위해 적어도 동북아에서 북한 비핵화와 연계해 미·러 간 제한적 협력 관계 설정을 적극적으로 유도하도록 대러 외교가 추진될 필요가 있다.

II. 러시아의 전략적 가치

1. 러시아의 전략적 가치에 대한 한국 지도층 인식의 중요성

대러 외교의 중요성을 이해하기 위해서는 러시아의 전략적 가치를 정확하게 파악할 필요가 있다. 첫째, 러시아는 북핵 문제, 평화 체제 구축 등을 포함해 한반도 안보 현안에 당사자로서 참여하고 영향력을 높이는 데에 관심이 많은데 핵 강대국으로서 핵확산 방지에도 적극적이다. 둘째, 러시아는 극동 시베리아 개발을 위해 한반도에 평화적인 환경을 만드는 것을 선호한다. 셋째, 러시아는 기후 변화와 기술 진보로 변화하는 글로벌 에너지 공급망 변화의 핵심 이해당사자이기에 에너지 협력의 주요 파트너로서 잠재력이 크다. 넷째, 미·중 패권 경쟁과 코로나19 팬데믹으로 글로벌 경제가 구조적으로 전환하고 있는데, 러시아의 첨단 과학기술력은 한국의 글로벌 마케팅 및 자금력과 결합해 시너지 효과를 만들 수 있다. 따라서 한국은 러시아와 외교·경제뿐만 아니라 다음과 같이 여러 측면에서 협력 관계가 중요하다고 할 것이다.

2. 북핵 해결의 직접적 이해당사자

러시아는 주변 4강 가운데 통일 한국 출현에 가장 긍정적인 입장을 가지고 있으며 한반도의 비핵화를 적극 지지하고 있다. 문재인 정부 출범 이후 한·미, 남북, 북·미 정상회담이 빠르게 진행되는 상황에서의 한반도 평화 프로세스에 러시아가 직접적으로 참여할 여지가 많지 않았지만 러시아는 궁극적으로 러시아 없이 한반도 평화가 완성될 수 없다고 인식하고 있다. 러시아 외교는 중요한 변곡점이 발생하는 순간의 기회를 잘 포착하는 특징을 가진다. 그렇기에 러시아는 한반도에서의 변화가 주는 러시아 외교의 기회를 포착하기 위해 한반도 상황을 면밀히 모니터링하고 있다.

3. 러시아 극동·북극 개발과 한반도와의 높은 연관성

러시아는 한반도의 접경하고 있는 영원한 이웃나라다. 극동시베리아 개발 성공을 통해 러시아 경제의 도약을 추구하면서 중국의 극동지역 영향력 확대를 경계하지만 남북을 함께 엮는 남·북·러 3각 경협을 성사시키는 데 깊은 관심을 가지고 있다. 러시아의 극동 개발은 이 지역의 풍부한 자원을 아태지역으로 수출하는 것을 목적으로 한다. 이를 통해 국가 발전에 필요한 자본을 확보하고, 이를 극동에 투자해 국내적으로 지역 균형 발전을 도모하며 국외적으로 아태지역에서 러시아의 입지를 높이려고 한다. 러시아는 북한을 엮어서 3자 협력을 희망하지만 지정학적 리스크가 있다는 것을 잘 알고 있기에 여기에만 몰두하지는 않는다. 러시아는 한국과의 실질적인 협력 성과가 러시아의 국정과제인 극동 개발에 기여한다고 판단하고 이러한 목표에 더 많은 관심을 기울이고 있다.

4. 글로벌 에너지 공급망 재편의 주요 행위자

글로벌 에너지 공급망은 기후 변화와 기술 진보가 어우러지면서 큰 변화를 맞이하고 있다. 기후 변화로 인해 북극의 빙하가 녹으면서 북극자원 개발과 북극항로의 상용화 가능성은 한층 커지고 있다. 그동안 러시아는 파이프라인을 중심으로 자원을 수출하면서 근외 지역을 중심으로 자원을 수출했기에 중동에 비해 글로벌 에너지 시장에서의 영향력은 적었다. 북극의 야말 가스전이 개발되면서 LNG 수출이 활성화되기 시작했다. 러시아 에너지 전략 2035는 아시아·태평양 지역을 LNG 수출 주력 시장으로 설정하고 있다.

최근 한국 정부가 한·미 무역흑자 폭이 늘어나면서 환율 조작국으로 지정되는 것을 회피할 목적으로 미국산 셰일 오일 수입 비중을 늘리면서 중동산 원유 수입 비중이 줄어들었지만 한국이 수입하는 에너지의 약 70%는 여전히 중동에서 들여오고 있다. 한국은 의무 인수 조항과 목적지 제한 조항 등 불리한 조건으로 인해 중동에 높은 가격을 지불하고 있다. 중동산 원유가 지나오는 호르무즈해협의 봉쇄 위협과 남중국해의 해상 경계 분쟁 가능성으로 과거와 달리 지정학적 위험이 커지고 있다. 중동뿐 아니라 미국, 러시아 등이 새롭게 글로벌 에너지 공급자로서 역할을 하게 됨에 따라 에너지 수입선의 다변화 측면에서 러시아의 가치는 커지고 있다.

미국의 셰일가스가 한·미 동맹, 한·미 FTA를 위해 의미를 가진다면 러시아 북극 LNG는 쇄빙선 수주, 북극자원 개발, 북극항로 상용화, 북극 항만 인프라 개발 참여의 가능성을 제공한다. 러시아 북극 야말 가스전에 프랑스, 중국, 일본이 지분 참여하고 있지만 한국은 조선산업의 경쟁력 덕분에 그나마 북극에서 영향력을 확보하고 있는 상황이다.

한편 수소경제에서도 협력 잠재력은 높다. 궁극적으로 그린수소로 가야 하겠지만 현 상황에서 수소를 가장 많이 제공하는 것은 블루수소다. 러시아는 천연가스 기반 블루수소의 경쟁력을 확보하고 있다. 러시아는 에너지 전환이 느린 편인데 기후 변화에 대응해 가장 많은 역할을 할 수 있는 분야는 수소 분야다. 블루 수소 생산과 관련해 경쟁력을 가진 가스프롬, 노바텍(야말 LNG 생산자), 로스아톰(러시아 원자력)이 있는데, 이들은 거대 에너지 기업으로서 국영기업이거나 정부와 적극적인 협력 관계를 구축하고 있다. 현재 로스아톰은 사할린 수소 클러스터 조성계획을 추진하고 있다. 북극 LNG 생산 및 수출, 사할린 수소 클러스터 조성 등은 러시아가 우리나라와 같이 글로벌 에너지 시장의 파트너로서 성장할 수 있는 기반을 제공할 것이다.

5. 글로벌 가치사슬 협력의 주요 대상 국가

코로나19 팬데믹으로 러시아 경제의 디지털 전환도 빠르게 진행되고 있다. 푸틴 정부는 자국의 높은 과학기술을 활용해 4차 산업혁명 분야를 적극 육성하고자 한다. 러시아 경제에서 디지털 경제가 차지하는 비중은 계속 증가하고 있다. 러시아의 소프트웨어 분야는 과학기술을 가지고 새로운 비즈니스 영역을 개척하면서 발전할 수 있지만 하드웨어가 필요한 분야에서는 생산 기반이 약해 외국과의 협력이 필요한 실정이다.

삼성전자의 모스크바 AI연구센터 설립, 현대 모비스와 러시아 최대 IT 플랫폼 기업 얀덱스의 자율주행자동차 공동 연구, KT와 러시아 철도공사 간 원격의료 서비스 실시, 러시아 로스아톰과 한국 에너테크의 러시아 전기 배터리 공장 설립, 러시아 코로나19 백신의 한국 위탁생산(CMO) 등은 과학기술 강국 러시아가 한국과의 협력을 통해 미래 산업 경쟁력을 확보하고자 추진하고 있는 협력사업이다. 러시아 첨단 과학기술에 대한 평가 개선, 러시아 공기업의 투명성 증대라는 과제는 있지만 글로벌 경제의 구조적 전환 과정에서 러시아는 협력 파트너로서 잠재력을 충분히 가지고 있다.

III. 대러 외교전략 및 정책 방향

1. 한·러 전략적 동반자 관계의 내실화·실질화

우리의 대러 외교는 동북아 정세 변화에 상응해 러시아가 한반도의 평화와 번영에 기여하도록 해야 한다. 우리나라의 자율적 외교공간 확보라는 측면에서 대러 외교전략의 의미를 강조하는 노력이 있어야 한다.

이를 위해 우선적으로 추진해야 하는 노력은 한·러 전략적 동반자 관계가 실질적으로 작동하고 내실화되도록 하는 것이다. 무엇보다 정상회담의 정례화가 필요하다. 글로벌 사회의 문제를 해결하기 위한 다자 차원에서 진행되는 회의가 많아지면서 한·러 정상회담은 많이 증가하기는 했지만 양자 관계로 정상회담이 정례화돼야 한다. 국영기업의 비중이 높은 러시아 경제의 특성으로 인해 정상회담은 손에 잡히는 경제 협력 성과를 만드는 데 기여할 것이다. 또한 외교안보 차원의 협력을 위해 전략 대화 채널을 구축해야 한다. 러시아가 글로벌 행위자라는 점을 고려해 한반도뿐 아니라 비전통·연성 안보 이슈와 관련된 의제를 논의해야 한다, 외교, 국방 장관이 참여하는 1+1 전략 대화도 활성화해야 한다. 대러 협력을 강화하기 위해 외교안보 의제를 포함하는 형태로 북방경제협력위원회를 확대 개편하면서 상시 기구화하는 것도 고려해야 한다.

2. 대러 공공외교의 강화

대러 공공외교를 강화해야 한다. 러시아 내 주류 학자들과 한반도 전문가들 사이에 북한을 보는 인식의 차이가 존재한다. 러시아의 한반도 정책과 관련해서는 한반도 전문가들의 영향력이 적지 않다는 점에서 이들과의 소통도 중요하지만 좀 더 거시적인 관점에서 러시아 대외정책을 결정하는 학자들이 한반도 이슈에 관심을 가질 수 있도록 노력하는 것도 중요하다. 좀 더 장기적으로 한반도 문제에 관심을 가지고 접근할 수 있는 젊은 신진 학자와의 교류에도 많은 지원이 있어야 한다. 방탄소년단(BTS)에 열광하는 젊은이들은 한국에서 방영된 인기 드라마를 한국에서 방영된 다음날 러시아어 자막을 달아 온라인상으로 시청하고 있다. 이들 세대가 러시아의 한반도 정책의 변곡점을 만들 수 있도록 외교 역량을 투입할 필요가 있다.

3. 환동해 등 소다자 협력 강화

동북아 협력과 관련된 광역두만강개발계획인 GTI(Great Tumen Initiative) 등 여러 사안에서 러시아가 적극 참여하고 작은 공간에서라도 실질적인 협력이 이뤄질 수 있도록 협력의 면을 넓히는 노력이 요구된다. 미·중·러, 한·러·일, 한·러·중 등 소다자 협력망을 다차원적으로 구축해 나가는 것도 또 다른 방안이 될 수 있다. 또한 중장기적으로 역내 다자안보포럼, 다자 안보협력체에 대한 기반도 꾸준히 다져나가는 것이 바람직하다.

4. 포스트 코로나 시대에 맞는 협력 방안 제시

포스트 코로나 시대에 걸맞은 새로운 접근법이 제시돼야 한다. 인프라 중심에서 벗어나 인공지능(AI), 사물인터넷(IoT), 빅데이터(big data), 자율주행, 신소재 개발, 클린 에너지 등 새로운 협력 방안을 모색해야 한다. 동시에 러시아 정부가 극동 개발을 중단 없이 추진할 것이기에 가치사슬 확장이라는 관점에서 한반도와 러시아 극동을 연결하는 산업생태계 구축에 관심을 기울여야 한다. 21세기 신국제 질서에서 기후 변화에 대한 대응은 더 이상 변수가 아닌 상수가 될 것이다. 러시아는 극동 개발을 위해 필요한 인프라 투자를 계속해야 한다. 북극자원 개발과 북극항로의 상용화에 대한 투자도 이어질 것이다. 이러한 인프라 투자가 미래 지향적으로 진행될 수 있도록 그린 인프라 투자 협력을 활발하게 추진할 필요가 있다.

5. 한·러 협력 기제의 제도화·고도화

협력 기제의 제도화는 한·러 협력을 강화할 것이다. 한·러 정부 간 협력협의체를 좀 더 효과적으로 운영하고 효율성을 높이기 위해 통폐합·신설하면서 외교안보 분야의 협의체는 반드시 신설해야 한다. 한·러 양국 간 협력을 지원하기 위한 정부 차원의 기구를 강화하면서 제대로 작동하지 못하고 있는 투융자 플랫폼은 개선해야 한다. 한·러 관계는 양자 차원에서 만들어지는 것이 아니라는 점에서 한·유라시아경제연합(EAEU), 남·북·러, 한·러·노르딕, 한·미·러, 한·러·일 등 소다자(plurilateral), 다자(multiateral) 차원의 협력 기제도 형성하는 것도 고려해야 한다.

북극 개발
참여 방법의 모색*

이상준

Ⅰ. 북극권의 중요성

북위 66.5도 이상의 지역을 북극권이라 하는데 겨울 오로라, 여름 백야 현상으로 아름답고 신비로운 자연 현상이 있다. 어린 시절 북극이라는 단어를 들었을 때 산타클로스를 떠올렸던 경험도 있어 한번쯤 가봤으면 하는 로망을 가지고 있다. 하지만 북극권은 춥고 황량한 곳이다. 눈과 얼음, 차가운 바다가 끝없이 이어지는 북극지역을 무대로 살아가는 이누이트(Innuit: 에스키모)로 불리는 사람들조차 거의 만나기 힘든 곳이다. 이런 북극이 최근 세계의 주목을 받고 있다. 그 이유는 기후 변화로 인해 북극권 얼음이 녹고 있기 때문이다. 기후 변화와 관련된 다큐멘터리 영상물은 북극해의 얼음이 녹아 북

---

* 이 글은 에너지경제신문, 2021년 4월 27일 [EE칼럼] "러시아 북극개발, 한국이 주목해야 할 이유"라는 제목의 졸고를 가필 수정한 것임을 밝힌다.

극곰의 생존이 위협받는 모습과 해빙 기간이 길어지게 되면서 얼음 지도가 바뀌어 사냥을 나갔던 이누이트들이 집으로 돌아오는 길을 잃어 안타까운 사고를 당하는 일도 생겨나고 있다. 지난 30년간 북극지방의 얼음 면적이 10% 가량 감소했고 두께도 40% 줄었으며, 연평균 기온이 7℃ 상승했다는 충격적인 보고와 2030년경에는 북극해의 얼음이 완전히 사라질지도 모른다는 예상도 있다.[1]

그렇다고 위협만 있는 것은 아니다. 북극의 얼음이 녹으면서 바다로써 기능하지 못했던 북극해가 열리면서 새로운 가능성이 생겨나고 있다. 북극항로는 남방항로에 비해 동북아시아에서 유럽과 미국 동부로 가는 일정을 대폭 줄여줄 기회를 제공한다. 또한 미국 지질조사국(USGS)이 2008년 발표한 자료에 따르면, 북극해는 지구상에서 개발되지 않은 원유의 약 13%(900억 배럴), 천연가스의 30%(47조㎥), 액화천연가스의 20%(440억 배럴)가 묻혀 있다.[2] 이는 세계에서 알려진 기존 석유자원(누적 생산량 및 남은 매장량)의 거의 10%에 해당되며 중동에 버금가는 매장량이다. 석유 및 가스 개발과 관련된 북극의 주요 지역은 보퍼트해(캐나다의 노스 슬로프, 알래스카 및 맥켄지 델타)와 러시아 북극의 북서부(바렌츠해 및 서시베리아) 지역이다. 북극권의 해빙은 이러한 자원의 상업적 이용 가능성을 높이고 있다.

---

[1] 엔서니 기든스 지음, 홍욱희 옮김(2009). 『기후변화의 정치학』(서울: 에코리브르). pp.33-35.
[2] USGS, Circum-Arctic Resource Appraisal: Estimates of Undiscovered Oil and Gas North of the Arctic Circle. https://webcache.googleusercontent.com/search?q=cache:_eNd5kMoVYoJ:https://pubs.usgs.gov/fs/2008/3049/fs2008-3049.pdf+&cd=1&hl=ko&ct=clnk&gl=kr (검색일 2021.07.14.)

Ⅱ. 북극 개발의 핵심 국가 러시아

　북극과 국경을 접하고 있는 러시아, 미국, 캐나다, 유럽의 몇몇 국가는 기회와 위협이 공존하는 북극권의 개발과 기후 변화로 발생하는 환경적 문제를 해결하기 위해 그 어느 때보다 북극에 관심을 기울이고 있다. 북극은 새로운 국제 갈등의 장이 될 수도 있고, 새로운 협력의 공간이 될 수도 있다. 인류의 미래가 북극권을 어떻게 잘 개발하느냐에 달려 있다고 해도 과언이 아니다. 따라서 북극권의 개발과 환경 문제의 해결은 인류가 함께 고민해야 하는 문제인 것이다. 북극해에 영유권을 가지고 있지 않은 우리나라가 북극에 관심을 가져야 하는 이유는 이 지역에서 개발되는 자원과 경제적 기회에만 국한되지 않는다. 그간 한국은 국제 사회의 책임 있는 국가로 성장해 오면서 2013년 북극이사회 정식 옵서버 국가가 됐다. 북극이사회에 참여하는 등 북극시대를 대비해 한국이 북극권 개발에 관심을 가지고 참여하고자 하는 의지에 대해 대내외적으로 천명해 왔다. 관련국들의 북극 개발 참여전략을 파악하고, 그들이 이 지역 개발에서 얻고자 하는 목표와 또 그들이 국제적인 협력을 어떻게 유도하는지를 파악하는 것은 단순히 경제적 이유를 넘어 국제적 이슈에 임하는 우리들의 책임감 있는 자세를 보여주는 데 도움이 될 것이다.

　북극권 국가 가운데 한국이 주목해야 하는 국가는 러시아다. 러시아는 북극지역의 에너지, 항로, 환경 문제와 관련해 가장 핵심이 되는 국가이며, 북극지역과 관련해 양자 차원 또는 다자 차원에서 반드시 개입하고 참여해야만 하는 위상을 지니고 있다. 실제 러시아 북극지역은 북극의 탄화수소 매장량 대부분을 보유하고 있는데 러시아 천연가스의 95%와 석유의 약 70%가 매장돼 있고, 약 200개의 석유 및 천연가스 매장지가 있으며, 바렌츠와 카라해에는 22개의 대형 매장지가 위치하고 있다.[3] 러시아 북극권은 광물자원도 풍부한데 다이아몬드는 러시아 총 생산량의 99%, 백금 그룹 원소의 98%, 니켈 및 코발트의 80%, 크롬 및 망간의 90%, 구리의 60%, 안티몬, 주석, 텅스텐 및 희토류의 50~90%, 금의 약 40%를 생산하고 있다.[4] 북극은 풍부한 생태자원도 보유하고 있다. 청어, 대구, 버터 피시, 대구, 가자미 등 상업용 어업에 중요한 어종을 포함해 북극 해역에서 150종 이상의 어종이 존재하며 러시아 해산물의 15%를 생산하고 있다.[5]

과거에는 열악한 환경, 시장으로부터 먼 거리 등으로 인해 경제적인 생산이 어려워 육상에 존재하는 대규모 유전 및 가스전만 개발됐다. 그러나 기후변화에 따른 지구 표면의 온도가 상승하면서 북극권의 빙하가 녹아 북극항로를 통한 석유 및 천연가스 운송이 가능해졌고, 또한 내빙설계, 위치제어 시스템, 쇄빙 선박 설계와 같은 극지에서의 자원 개발 활동을 용이하게 하는 기술이 발달하게 됨에 따라 북극권에서 석유 및 천연가스 개발을 진행할 수 있게 됐다.

러시아 정부는 아태지역으로의 에너지 수출을 늘리기 위한 노력을 가속화하고 있다. 러시아 에너지 전략 2035와 북극 전략이 반영된 초대형 프로젝트인 야말 LNG는 2017년 말부터 생산·수출을 시작했다. 러시아 정부는 2019년 북극 LNG-2 사업을 승인했으며, 연간 2천만 톤의 LNG를 처리할 수 있는 환적 터미널을 캄차카반도에 건설하려고 한다. 이는 파이프라인 중심의 근외 국가 협력에서 벗어나 글로벌 에너지 공급망의 중심축으로 러시아의 위

---

[3] N. L. Dobretsov & N. P. Pokhilenko(2010). "Mineral resources and development in the Russian Arctic," *Russian Geology and Geophysics*, Vol. 51, Iss. 1, pp. 98-111.
[4] Dobretsov & Pokhilenko(2010). 98-111.
[5] Lassi Heininen et al.(2014). *Russian Strategies in the Arctic: Avoiding a New Cold War*, Moscow: Valdai Discussion Club Grantees Report. p. 9.

상을 강화하기 위한 포석에서 추진되는 것이다.

올해부터 2년간 러시아는 북국이사회 의장국으로 활동하면서 북극 개발의 기반을 다질 것으로 예상된다. 바이든 행정부 출범 이후에도 미국과의 관계는 좀처럼 개선될 기미가 없지만 기후 변화의 영향을 직접적으로 받고 있는 북극에서는 양국 간 협력 가능성이 열려 있다. 우리나라는 2013년 북극이사회 정식 옵서버 국가로 참여하고 있는데 LNG 쇄빙선 건조 능력 덕분에 북극 개발의 중요한 파트너가 될 수 있는 기반을 가지고 있다. 푸틴 대통령은 2024년까지 북극항로의 물동량을 8천만 톤으로 확대하라고 지시한 바 있으며, 2030년에는 1억 톤까지 끌어올리려고 한다. 항만 인프라와 조선산업의 뒷받침 없이 북극항로 개발이라는 원대한 목표는 달성될 수 없다.

수에즈운하가 막혔을 때 글로벌 공급망은 홍역을 치렀는데 가까운 미래 더 심각한 사건들이 발생하지 않으리라 예단할 수 없다. 호르무즈해협 봉쇄, 남지나해 군사 충돌 등 글로벌 에너지 공급망에 위협을 주는 지정학적 갈등 요인은 많다. 60여 년에 걸쳐 아랍을 회피해 인도로 가는 항로를 개척한 포르투갈은 불과 1만여 명의 해군력으로 200년간 패권국으로 번영을 구가했다. 기후정상회담을 통해 러시아를 포함한 전 세계 주요 공업국들이 온실가스 배출 축소에 소매를 걷어 올렸지만 북극항로의 상시 운행 가능성이 줄어들지는 않을 것이다.

Ⅲ. 북극 개발 참여를 위한 제언

한국 정부는 특정 지역에 의존하는 현재의 에너지 공급망을 능동적으로 개선해야 한다. 한국은 러시아가 북극의 에너지, 항로, 환경 문제에서 가장 핵심적인 국가라는 점에서 러시아와 양자 차원에서, 또 북극 연안국 및 북극이사회와 다자 차원에서 협력해야 한다. 러시아가 진행하고자 하는 북극 LNG 관련 추가 프로젝트에 한국 기업의 참여가 없을 경우, 현재는 대안이 마땅치 않아 한국 조선산업에 발주하고 있지만, 향후 대형 LNG 쇄빙선의 발주를 크게 늘리지 않을 수 있다. 러시아 정부는 캄차카 LNG 터미널을 건설해 야말에서 캄차카로 운항하게 될 대형 LNG 쇄빙 선박 수를 줄이고자 하는 계획도 추진하고 있어 이러한 우려는 현실화될 수 있다. 미국의 제재가 엄격하게 적용되는 북극자원 개발 분야에서 러시아는 북극 LNG-2 등 새로운 프로젝트에 자국산 장비와 기술 사용을 늘리면서 제재의 영향을 피하고자 한다.

따라서 러시아 북극자원 개발에 적극 참여하는 방안을 마련해야 한다. 한국가스공사(KOGAS)를 비롯한 자원 개발 기업이 지분 참여 및 자원 개발 장비 공동 연구개발, 선박 수주, 항만 인프라 공동 건설을 동시에 진행하는 패키지 협력을 고려할 수 있다. 북극권에 부존된 다양한 자원을 산업중심지로 이송하기 위해서는 북극항로 활성화가 필수적일 뿐 아니라 연관되는 북극 운항 정보, 재난 구조, 자원 개발 등 산업 파급 효과도 있어 협력의 효과는 크다.

2030년 세계 교역량의 5%가 북극항로를 통해 운송될 것으로 전망되고 있는데, 이에 대응해 부산항과 광양항이 새로운 물류 축으로 부상할 수 있도록 인프라, 항만시설 등을 확보하는 준비가 필요하다. 당분간 북극항로를 통해 운송하는 핵심적인 전략물자는 LNG가 될 것이지만 항로를 따라 새롭게 거래할 수 있는 상품은 점차 증가할 것이다.

그래서 북극항로는 글로벌 에너지 공급망 변화의 중심이 되기도 하지만 글로벌 가치사슬 구도에 영향을 주게 될 것이다. 북극 개발을 통합적으로 들여다보면서 운영하는 과정에서 필요한 정보기술(IT) 분야의 협력에 대한 논의를 주도적으로 제안할 필요가 있다. 이를 통해 북극, 극동, 환동해 항만 및 동북아 철도 운송 연계 사업 발굴과 전략적 제휴가 가능할 것이며, 경제성과 안정성, 물류 수급의 불균형 해소 방안을 다각도로 모색할 수 있다. 북극 개발 참여는 한국이 글로벌 에너지 공급망 대전환에 주도적인 위치를 확보하는 기회를 제공할 것이다.

새로운 남북한 관계:
한반도 안보·평화 균형전략

조윤영

Ⅰ. 한반도 정세의 지속과 변화

1. 남북한 관계의 단절

2018년 들어 문재인 정부의 대북 대화·협력 정책과 변화된 북한의 국가 전략 변화는 한반도 정세의 급격한 변화를 가져왔다. 지난 세 차례의 남북정상회담과 4·27 판문점선언, 9·19 평양공동선언 등으로 남북 관계는 새로운 국면에 들어섰다고 할 수 있다. '판문점선언'은 남북교류 협력에 관련 의제를 남북 정상이 합의했으며, 9·19 평양공동선언과 군사 분야 합의서 체결을 통해 한반도 군사 긴장 완화와 남북 관계 전 분야에 걸친 남북 교류 협력의 기대감을 상승시켰다.[1] 또한, 북한은 남한의 '한반도 운전자'론에 힘입어 막혀

---
1 남북 정상은 판문점선언 제1조 4항에서 "각계각층의 다방면적 협력과 교류 왕래와 접촉 활성화", 6항 "동해선·

있던 미국과의 비핵화 협상을 재개했고, 한반도 비핵화 의제는 '6·12 북·미 정상회담'을 계기로 급진전될 것으로 기대됐다.

그러나, 2019년 2월 하노이 북·미 정상회담 결렬 이후 당국 간 대화가 단절돼 있는 상황이며, 사회문화 교류조차도 진전을 보이지 못하고 있다. 특히, 2019년 하노이 북·미 정상회담 결렬 이후 북한의 비핵화 문제와 한반도의 평화 체제 합의는 험난한 과정을 밟고 있다. 여기에 코로나19 전염병 확산으로 미·중 갈등은 심화되고 있으며, 지난 2020년 북한은 대북 전단지 살포 문제를 빌미 삼아 개성 남북공동연락사무소를 폭파하는 등 대남 공세를 강화하고 있다. 또한, 북한은 2021년 8차 당대회를 통해 대미·대남 '강대강, 선대선 원칙'을 주장하고 미국의 대북 적대시 정책 철회 시까지 핵무력 증강의 강수를 내세웠고, 남북한 교류 협력도 비본질적인 문제로 치부하고 남북 관계 악화의 원인을 남측의 책임으로 돌리고 있다. 그럼에도 문재인 정부는 한반도 평화를 직접적으로 위협하는 북한의 비핵화 문제보다는 종전선언에만 집중하고 있다.

2. 북한의 강경적 대외전략 선회

북한의 대남·대미 정책은 남북 관계 현안에 중요한 변수로 작용한다. 북한은 2021년 1월 5일부터 12일까지 8일간에 걸쳐 노동당 제8차 당대회를 개최해 경제 분야를 중심으로 지난 5년간 경제5개년계획의 성과가 미진했음을 인정하고 당중앙의 유일적 영도 체계를 중심으로 새로운 목표를 제시했

경의선 철도와 도로 연결 및 현대화"에 합의했으며, 9·19평양공동선언과 군사 분야 합의서 제4조 2항 "쌍방은 동·서해선 철도·도로 연결과 현대화를 위한 군사적 보장대책의 강구"를 합의한 바 있다.

다. 북한 8차 당대회는 사실상 김정은 위원장의 외교정책 2기가 시작되는 시점으로 북한의 대외전략 기조와 향후 정책 방향성을 가늠할 수 있는 행사로 그 의미가 크다고 말할 수 있다. 8차 당대회는 경제 분야에 중점을 두고 있으며, 대북 제재, 코로나19 확산, 자연재해의 3중고를 겪으면서 가중된 경제적 난관을 장기적 관점에서 위기관리와 극복 방안을 고심한 것으로 보인다. 북한은 대외적 고립과 국내 경제난을 극복하기 위해 당조직 개편과 국방력 강화를 중심으로 정면 돌파전을 통한 자력갱생의 접근 방안을 제시하고 있다. 이러한 접근 방식은 구체적 방안 제시보다는 현상 유지를 위해 당적 쇄신을 통한 당조직 강화와 주민들을 다잡는 '견디기' 정책의 성격이 크다고 하겠다.

또한 북한은 8차 당대회 전반에 걸쳐 '국방력 강화'를 주문하고 있다. 당 규약에 '공화국 무력'의 지속적 강화를 명문화함으로써 국정 운영의 중심임을 천명하고, 핵무력 고도화를 중심으로 대외 강압정책을 시사하고 있다. 이러한 핵기술 고도화, 핵잠수함, 군사정찰위성, 극초음속 활공비행전투부 개발 도입 등, '국방력 강화' 비전 제시는 불확실한 대외 관계를 견지하면서 강대강의 공세적 대외정책 입장을 표출하는 것이다. 즉, 북한은 이번 당대회 사업총화보고를 통해 대미 '강대강, 선대선 원칙'을 주장하고 대북 적대시 정책 철회 시까지 핵무력 증강의 강수를 내세웠다. 구체적으로 북한은 한반도에서 미국이 보유한 전략자산 철수 및 미국의 대북 핵공격 포기 이행 등을 동반하는 미국의 적대시 정책 철회를 요구하고 있으며, 핵무력의 평화적 이용을 강조함으로써 핵군축 프레임 안에서 북·미 협상을 제안할 의도를 내비쳤다. 이와 함께, 북한은 대외정책을 추진하면서 미국 적대시 정책에 맞서 사회주의권 연합 추진을 시사하고 있다. 미국의 적대시 정책을 명분 삼아 반제국주의, 자주역량 강화를 위해 사회주의권 연대를 표명하고 있다. 특히 "하나의 운명으로 결합된" 북·중 관계를 강조하고 있어 북·중 관계 강화를 통해 경제난과 대외적 고립의 난관을 극복하려는 의도를 보이고 있다.

결국, 북한은 지난 8차 당대회를 통해 핵무력 증강을 공식화했으며 미국에 대북 적대시 정책 철회를 요구하면서도 '강대강, 선대선'의 상대주의 원칙을 표명함으로써 미국 바이든 행정부의 대북 태도 변화를 요구하고 있다. 즉, 북·미 협상 교착 상황과 관계 악화의 원인을 미국에게 돌리는 등, 원론적 입장 표명에만 머물러 있다.

대남 정책에서도 폐쇄적이며 공세적인 정책 추진이 강조되고 있다. 대남 정책과 관련해 북한은 남북 관계 악화의 원인을 남측에 책임 전가하는 데 주력하고 있다는 점이다. 8차 당대회에서도 정면돌파전을 기조로 남한 내 전략무기 반입 및 개발 중지, 남한의 미군 철수 등을 본질적 문제라고 평가하고 한국 정부가 이를 수용할 때만 대화를 재개하겠다는 것이다. 북한은 사업총화보고에서 남북 관계 개선을 위해서는 "한반도의 평화와 군사적 안정을 보장," 남한 정부의 "첨단 군사장비 반입과 미국과의 합동군사연습 중지"의 근본적 해결을 주장하면서 '대북 적대행위' 금지와 '남북 합의 이행'을 주문하고 있다. 정부의 인도적 협력, 보건 협력, 경협 등을 비본질적 문제라 폄하하고 모든 대화를 단절하고 있다. 한·미 군사훈련에 대한 항의의 표시로 단거리 미사일 실험을 재개하는 등 지속적으로 미사일 도발을 멈추지 않고 있다.

북한 인권 비판과 대북 전단 살포에 대한 항의를 재개하고 연쇄 담화를 통해 미국 바이든 행정부와 남한 정부에 강한 불만을 표시하고 있다.[2] 이러

---

2 5월 2일, 김여정 당중앙위 부부장 담화에서 "반공화국 삐라를 살포하는 용납 못할 도발행위"에 대해 "이제는 이대로 두고 볼 수만은 없다"고 경고; 조선 외무성 대변인 담화를 통해 "인권 유린으로 매도하다 못해 최고 존엄까지 건드리는 엄중한 정치적 도발," "반드시 후회하게 될 것"; 권정근 외무성 미국담당 국장 담화에서 바이든 대통령의 시정연설에 나타난 외교와 억지의 대북정책에 대해 "대북 적대시정책의 지속"이고, "큰 실수"라고 비판

한 연쇄적인 담화와 단거리 미사일 실험에 이어 대남 도발의 가능성을 시사하고 있다.

3. 바이든 미 행정부의 단계적·실용적 대북정책

미국 바이든 행정부는 트럼프 전행정부와 달리 북핵 문제를 동맹국과 특히, 한국과의 긴밀한 협력을 통해 해결하고 단계적·실용적 접근 방식으로 추진할 것임을 선언하고 있다. 2021년 4월 의회 상하원 합동회의 첫 시정연설에서 바이든 대통령은 "미국과 세계의 안전보장에 심각한 위협을 초래하는 이란과 북한의 핵 프로그램에 대해 동맹국과 긴밀히 협력해 외교와 엄중한 억지(stern deterrence)를 통해 양국의 위협에 대처할 것"임을 밝혔다.[3] 이후 4월 30일 사키(Jen Psaki) 백악관 대변인의 대통령 전용기 기자 브리핑에서도 미국의 목표는 여전히 "한반도의 완전한 비핵화(the complete denuclearization of the Korean Peninsula)"이며, "우리의 정책은 일괄타결(grand bargain) 달성에 초점을 두지 않을 것이며, 전략적 인내에도 의존하지도 않을 것"이라고 언급했다.

2021년 5월 21일 한·미 정상회담에서도 바이든 대통령은 한반도 평화를 위해 한국과 긴밀한 협력을 강조하고 민주주의 가치 동맹을 확인하고 있다. 즉, 바이든 대통령이 이끄는 미국 행정부는 북한 핵협상과 관련해 단계적·실용적 입장을 재확인하고 있으며, 문재인 정부의 한반도 비핵화 노력과 이산가족 상봉, 남북 대화 추진정책을 인정하고 미국의 대북 관여정책과 우리 정부와의 협력을 약속하고 있다.[4] 또한, 한·미·일 3자 협력의 필요성과 북한 인

---

3 "Read President Joe Biden's first address to Congress," CNN.com (2021.04.28.), https://edition.cnn.com/2021/04/28/politics/biden-congress-address-transcript/index.html (검색일: 2021.05.21.).

4 "Remarks by President Biden and H.E. Moon Jae-in, President of the Republic of Korea at Press

권 개선 및 인도적 지원을 강조하면서 글로벌 문제에 한·미가 공동 대응할 것을 한·미 양국이 약속하는 자리였다. 결국, 미국의 민주주의 가치, 단계적·실용적 대외정책 접근법이 바이든 행정부 출범 이후 첫 한·미 정상회담에서 확인되는 자리였으며, 한·미 간 미사일 지침이 종료되고 첨단기술 등 미래 지향적 파트너십이 강화되는 등 한국의 위상과 자율성을 강조하는 회담이었다.[5]

이러한 미국의 대한반도 정책은 우리 정부가 한미 동맹을 발판으로 포괄적 가치 동맹으로 확대시켜 나갈 수 있는 기회이기도 하다.

II. 남북한 관계의 진단

1. '평화' 일변도 정책과 남북 온정적 특수 관계의 함정

문재인 정부는 대북·통일 논의와 관련해 '평화' 우선 접근 방식을 채택하고 있다. 통일부가 2018년 발표한 제3차 남북관계발전 기본계획에서 분명하게 밝히고 있고, 남북관계발전 기본계획(2018~2023)에서 정부는 북핵 문제 해결 및 항구적 평화 정착, 지속 가능한 남북 관계 발전, 한반도 신경제공동체 구현 등을 목표로 삼았다. 또한, 문재인 정부는 "북한 붕괴, 흡수 통일 및 인위적 통일 등을 추구하지 않는 '3-No' 기조를 바탕"으로 남북 간 상호

Conference," The White House(2021.05.21.) https://www.whitehouse.gov/briefing-room/speeches-remarks/2021/05/21/remarks-by-president-biden-and-h-e-moon-jae-in-president-of-the-republic-of-korea-at-press-conference/ (검색일 2021.06.02.).

5 "FACT SHEET: United States - Republic of Korea Partnership," the White House(2021.05.21.) https://www.whitehouse.gov/briefing-room/statements-releases/2021/05/21/fact-sheet-united-states-republic-of-korea-partnership/ (검색일 2021.06.02.).

공존을 우선시하겠다는 것을 분명히 언급했다.[6] 또한, 지난 2019년 2월 25일 청와대에서 주재한 수석보좌관 회의에서 문 대통령은 '신한반도 체제' 구상을 발표하고, 한반도 문제의 주인으로서 남북 관계와 북·미 관계가 선순환하게 만들고 비핵화 항구적 평화, 공동 번영의 길로 나갈 것을 밝혔다. 신한반도 체제는 우리 주도의 평화경제에 기반한 지속 가능한 평화협력공동체, 경제협력공동체, 이를 바탕으로 항구적 평화 체제 구축을 강조했다.

따라서 2018년 동계 평창올림픽 이후 세 차례의 남북 정상회담과 두 차례의 북·미 정상회담 개최는 북한의 비핵화와 한반도 평화를 구축하는 대전환의 시대를 활짝 열 것 같았다. 그러나 3년이 지난 북한은 남한에 대해 대화의 문을 닫고 있다. 남북한 불통의 시대다. 북한은 지난해 6월 김여정 북한 노동당 부부장의 대남 막말 파문에 이어 남북개성연락사무소를 폭파해 남북 관계 발전에 대한 기대를 무너뜨렸다.

북한은 노동당 8차 당대회에서 한 발 더 나갔다. 경제가 바닥인데다 회생 가능성도 없는 북한은 핵무장을 완성할 때까지 자력갱생으로 버티기로 했다. 그러면서 남한에 대해선 핵과 미사일을 기반으로 무력 통일하기로 결정했다. 북한이 당대회를 통해 발표한 차기 목표는 남한을 언제든지 핵으로 공격할 수 있는 전술핵무기, 북한 도발에 대한 미국의 응징에 핵무기로 2차 대응할 수 있는 대륙간탄도미사일(ICBM)과 잠수함용 탄도미사일(SLBM) 개발, 그리고 SLBM을 탑재할 핵추진 잠수함 건조다. 북한이 이런 무기를 모두 개발하려면 앞으로도 최소한 5년은 걸리겠지만, 핵무장 완성의 마지막 단계까지 왔다. 북한은 이를 완성할 때까지 버티면서 북한에 국면이 유리하도록 여건 조성을 시도할 가능성도 있다. 또한, 북한은 내부 인민들을 향해 강한 자력갱생 주문

---

6 통일부, 제3차 남북관계 발전 기본계획 및 2018 시행계획.

과 사회주의 강화 정책을 주문하고 있다. 김정은은 당세포비서대회를 개최하고 당원들에게 고난의 행군을 각오할 것을 주지시키며 인민들에게 반사회주의·비사회주의와의 투쟁을 강조하면서 사회적 통제를 강화해 나가고 있다.

이제 남북 관계 개선은 고사하고 무력 충돌이 걱정된다. 북한은 한·미 연합방위 체제를 해체하기 위해 한·미 군사훈련 중지, 남한에 전략무기 반입 및 개발 금지, 주한미군 철수 등을 요구하며 우리에게 굴종적 자세를 요구하고 있다. 그런데도 정부는 '평화의 일상화'라고 주장한다. 정부의 한반도 운전자론의 동력은 상실한 상태다. 북한이 당대회에서 대남 강경 메시지를 냈지만, 문재인 대통령은 2021년 신년 기자회견에서 남북 보건 협력, 인도적 지원, 금강산 관광 개발 협력 등을 강조했다. 하지만 북한은 문 대통령의 생각이 남북 관계 개선의 비본질적 문제라며 폄하했다. 결과적으로 남북의 교차점이 없어지고 있다. 문재인 정부가 야심차게 추진했던 한반도 운전자론은 유명무실해졌다.

우리 정부가 2021년 한·미 정상회담에서 미국 바이든 대통령으로부터 '한반도 비핵화' 언급을 받아낸 것은 누굴 위한 것인가? 이미 1990년대 초 남북기본합의서와 남북비핵화선언을 통해 한반도 비핵화는 합의됐고 남한은 이미 비핵화를 완수했는데, 왜 한반도 비핵화인가? 결국, 북한이 합의를 파기한 것이고 핵무기 완성 선언을 통한 핵국가임을 자처하고 있는 상황에서 북한 비핵화 대신 한반도 비핵화를 확인하는 것은 '아이러니'하다. 아직도 남은 건 대북 '짝사랑'뿐이다.

2. 북핵 불포기론

　외교안보 전문 연구기관인 한국의 아산정책연구원과 미국 랜드연구소는 최근의 공동연구를 통해서 2027년쯤 북한이 최대 272기와 대륙간탄도미사일 수십 기를 보유할 것으로 전망했다. 핵강국 중국과 비슷한 수준의 핵무기를 보유할 것으로 예상한 것이다. 북한이 표방했던 미국의 적대시 정책에 대한 방어적 핵무장을 넘어서서 북한 핵무기가 실질적 공격 위협으로 가시화된 것이다. 북한의 핵무기는 예를 들면, 주한미국의 철수를 목표로 한 미국 본토에 대한 발사 위협 및 서해 도서지역을 점령하는 무력 도발 등 다양한 위협을 구사할 수 있다. 특히, 두 연구소는 보고서에서 "북한 핵무기는 미국과 한국 등으로부터 양보를 얻어내려는 외교적 수단"이라는 기존 주장은 완전히 틀렸다며, "한국과 미국, 기타 국가들의 정책 입안자들은 북한의 핵 개발 의도를 근본적으로 잘못 이해해 왔고 북한 핵무기는 사용하는 것이 목적"이라고 경고했다. 또한, 이 보고서는 김정은의 지시로 2012년 새로 만든 북한군 남침 계획에 선제 핵공격이 포함됐다고도 주장했다. 이를 기반으로 2016년도에는 북한 외무성이 "결정적인 (핵)선제 공격은 북한이 미국의 갑작스러운 기습 공격을 이길 수 있는 유일한 방법"이라고 공언한 바 있다.

　기존 핵강국들의 핵전략의 기본 원칙은 전쟁의 억지(deterrence)에 초점이 맞춰졌고, 싸우지 않은 채 승리하는 것이 핵강국들이 추구하는 전략이다. 레이건 행정부 시절 싸우지 않은 채 소련과의 경쟁에서 승리한 것이 대표적 핵정책 사례이며, 인도와 파키스탄 갈등은 양국의 핵균형으로 유지되고 있다. 그러나 김정은의 북한은 핵무기 사용의 가능성을 적극적으로 검토하고 있어 사태의 심각성을 인식하고 북핵 위협에 대한 구체적인 대응책 마련이 시급하다. 한국은 그동안 북한의 핵무기에 대응하고 미국의 핵우산 정책을 보완하기 위해 이른바 한국형 3축 체계를 구축해 왔다. 한국형 3축 체계는 북한의 핵미사일 발사 징후를 탐지하고 방어하는 킬체인(Kill-Chain)과 한국형 미사일 방어(KAMD) 및 핵 공격에 대한 대량응징보복(KMPR)이 핵심 내용이다. 이는 북한의 천안함 침몰사건과 연평도 포격 도발을 겪으면서 2012년 한·미 안보협의회(SCM)에서 북한 미사일과 장사정포를 요격하는 적극적인 억제 개념의 킬체인을 시작으로 2016년 북한의 5차 핵실험 직후 북한 지도부 제거를 포함하는 대량 응징 보복을 더하면서 완성됐다. 하지만 근본적으로 북한 핵을 억제하기는 어렵다는 인식과 세 차례에 걸친 남북한 정상회담으로 남북 간 군사적 긴장이 낮아지는 상황에서 상대를 자극하지 않으려는 취지가 반영돼 주춤거리게 됐다. 이를 계기로 국방부는 한국형 3축 체계를 전략적 억제 능력을 강화하기 위한 핵·대량살상무기(WMD) 대응 체계라는 용어로 전환했고, 여러 여건을 고려해 빠른 시일 안에 대응 구축 체계를 완성하겠다고 했으나 유명무실한 상황이다.

물론 북한은 과거 핵포기 의지를 수차례 표명했다. 구체적으로 "핵을 보유할 의사도 능력도 필요도 없다"는 김일성의 발표에서부터 제네바 합의와 9·19 공동성명에 이르기까지, 지난 20년간 핵포기 의지의 표출해 왔다. 그러나 지난 1992년의 남북 핵협상, 1994년 미국과의 제네바회담, 1994년부터 2002년까지의 제네바 합의 이행 과정, 2002년 말 이후 제네바 합의가 파기되는 과정, 2003년 이래의 6자 회담과 세 차례의 핵실험 감행, 2007년과 2008년에 이르는 불능화와 신고 과정, 그리고 검증 문제에 관한 2008년의 협상 과정을 통해 북한이 국제 사회에 보여준 행동들을 반추해 볼 때, 한 가지 분명한 것은 북한이 핵을 포기할 정치적 의지를 행동으로 보여준 적이 없다는 것이다. 북한은 핵 개발이 미국의 적대시 정책의 대응하는 것으로 핵 포기를 대가로 북·미 관계 정상화의 조건이 아님을 주장하고 있고, 남한의 군사력 증강에 대한 전략적 균형의 선택으로 핵 개발을 추진하고 있다는 점이다. 북한의 핵 포기 가능성은 매우 희박하다.

북한이 핵탄두 기술과 대륙 간 운반 수단 능력을 확보한다면, 미국의 예방전쟁(preemptive war)에 북한이 대미 2차 보복 수단을 갖는다는 의미를 다시금 상기해야 한다. 미국은 북한의 보복 능력이 있다고 가정한다면 미·북 간 협상과 압박에 또 다른 국면을 맞이할 수 있기 때문이다. 미국의 입장에서는 대북한 정책에서, 이러한 북한의 핵능력과 투발 수단의 고도화는 핵무장 이전의 북한과 다른 차원의 접근 방법을 채택할 수밖에 없다. 물론, 안보적 차원에서 남북 관계에서도 한국이 주도적 관계를 선점하기가 용이하지 못하다는 점이다. 북한의 핵 개발은 일차적으로 대외 체제 보장을 위한 군사적 안보 수단으로 활용되지만, 동시에 김정은 정권의 연착륙(수령 체제 존속)과 군사지도자 이미지 확립을 위해 핵과 전략미사일 개발은 지속될 것으로 보이기 때문이다.

3. 통일 논의 상실

냉전 이후 남한 정부의 통일정책의 기조는 자유민주주의적 기본 질서에 입각한 평화 통일과 점진적·단계적 접근 방법을 공통으로 추구하고 있다. 평화와 민주적 가치를 기반으로 한반도 통일의 구현이 공식적 기본 방침이다. 한국 정부의 평화적인 통일전략은 "우리가 주도해, 국력(힘)의 우위를 바탕으로, 한반도 평화를 정착시켜 나가면서, 남북 간의 교류 협력을 통해 민족 동질성과 당사자 간 통일 의지를 높여 나가는 한편, 북한의 올바른 변화를 이끌어 내며, 국제 사회의 지지와 협력 속에, 평화적으로 연착륙(soft landing)하는 통일국가를 실현"하는 것이라 볼 수 있다.[7]

과거 냉전 체제의 붕괴와 함께 한국 정부는 상대적인 대북 국력 우위와 국제적 지위의 우위권을 확보하면서 대북 공세적인 관여정책(engagement policy, 포용정책)을 추진하게 됐다. 현재까지 '한민족공동체 통일 방안'(1989.9.11.)을 통일 방안 골간으로 삼고 있다. 이후 1994년 '민족공동체 통일 방안'으로 발전했으며, 역대 한국 정부는 그 기조를 계승하고 있다. 이러한 논의는 과거의 기능주의와 신기능주의, 군비통제이론을 이론적 바탕을 두고, 사회학적 접근법을 가미하고 있다. 즉, 점진적인 남북 간의 교류 협력을 통해 먼저 비정치적인 '민족공동체'를 형성한 후 통일국가로서 정치적 통일인 정치공동체를 궁극적으로 달성한다는 것이다. 그 과정에서 남북이 평화적으로 공존, 발전하는 과도적 통일 체제인 '남북연합(The Korean Commonwealth)'을 거치도록 함으로써 단계적인 통일 방법이 채택됐다.[8, 9] '민족공동체 통일 방안'은 통일 단계를 구분하는 '화해 협력 단계 → 남북연합 단계 → 통일국가 완성 단계'의 3단계 통일 방안을 제시했으며, 그 이후 우리 정부의 공식 통일 방안은 3단계의 민족공동체 통일 방안이 기본으로 유지되고 있다는 점이다.[10]

역대 우리 정부의 남북 관계 진전과 통일을 위한 다양한 노력에도 불구하

---

[7] 홍석훈 외(2017), 『북한의 4차, 5차 핵실험 이후 통일환경 변화에 따른 통일전략 모색과 통일공감대 확산 방안』 (서울: 통일연구원), p.10.

[8] 위의 책, p.15.

[9] 정부가 '남북연합'에서 '연합'의 영문 표기가, 국제정치학에서의 국가연합에서의 '연합'의 영문 표기인 'confederation'이 아니고, 'commonwealth'로 표현된 것은 영연방과 같은 느슨한 연합체를 상정한 것임.

[10] 자세한 내용은 다음의 책 참조: 홍석훈 외(2017), 『북한의 4차, 5차 핵실험 이후 통일환경 변화에 따른 통일전략 모색과 통일공감대 확산 방안』(서울: 통일연구원). pp.103-130.

고, 한반도 평화 정착을 위한 전략적 과제인 북핵 문제의 평화적 해결, 남북 교류 협력을 통한 민족 화해와 동질성 증대, 국제 사회와 소통할 수 있도록 북한의 정책 변화 유도 등에 획기적인 성과를 거두지는 못했다는 평가다. 진보와 보수 성향의 정부가 교차하면서 추진된 상이한 대북 정책 추진은 북한의 핵·미사일 개발과 북·미 간 비핵화 협상 답보 상태로 인한 한반도의 안보적 위기감 고조와 미·중 간 전략적 경쟁 등의 외부적 요인까지 악제로 작용하면서 그 성과를 가시화하지 못하고 있다.

결국, 남북 평화 통일의 '공공성'에 주목할 때 진보와 보수의 남남 갈등은 동일한 목표를 어떻게 달성하느냐에 따른 방법론적·전략적 차이에서 발생하는 경쟁이므로 상호 보완적 기능으로 접근해야 할 필요성이 제기된다. 우리 사회 내부의 통일 기반 확충과 통일 공감대 확산을 위해서 진보와 보수의 이분법적 논리에서 탈피해 상호 이해와 정당성 인정을 통해 협력을 추진해야 한다는 자세가 필요하다. 즉, 남북 문제를 정치화하거나 정책 주도 집단의 확증 편향적 사고는 철저히 배제돼야 한다.

III. 한반도 안보·평화의 균형을 위한 정책 구상

1. 대북 정책의 정상화와 한·미 협력

어떻게 하면 한국이 다시 주도권을 잡아 남북 관계 물꼬를 다시 틀 수 있을까? 우선 한반도의 심각한 긴장 상황을 예방하고 대비하기 위해서는 휴면 상태의 한반도 운전자론을 재점검해야 한다. 작동하는 한반도 운전자로의 전환이 시급하다. 북한의 강경정책으로 무력 도발도 우려되기 때문에 적극적이면서 균형적이어야 한다. 소극적 평화론에 치우친 사고로부터 탈피한 비핵·평화 원칙이 중요하다. 북한과의 대화에만 매달리지 말고 합의 위반에 대해서는 명확한 입장 표명과 상호주의에 따른 대북 압박도 필요하다. 북한의 정책 변화를 유도할 수 있는 실효성 있는 대북 정책으로 당근과 채찍의 강온 병행전략을 전개해야 할 시점이다.

이와 함께, 미국의 바이든 행정부에 대해서는 과거 트럼프 행정부 때와는 다르게 접근해야 한다. 바이든의 민주당 행정부는 북한의 기만적 행태를 여러 차례 겪어 매우 신중하다. 바이든 대통령은 북한 김정은 총비서가 핵무기를 정말 포기할 때 만날 수 있다는 입장이다. 따라서 우리 정부는 북한에 핵과 미사일 포기를 당당하게 요구해야 하는 것은 기본이다. 문 대통령이 정의용 외교부 장관에게 임명장을 줄 때 얘기한 것처럼 한·미 동맹을 강화해야 한다. 또한 북한 미사일 방어에 필요한 한·미 정보자산의 통합과 미국 전술핵무기의 한반도에서의 공동 운영 또는 미 전술핵의 한반도·일본·동해 등에 상시 배치 등을 고려할 필요도 있다. 한·미가 전략자산으로 북핵을 강력하게 억지할 때 북한은 경각심을 갖고 함부로 도발하지 않는다. 그런 과정을 통해 미국의 바이든 행정부와 우리 정부 사이에 신뢰가 커질 수 있다. 그때 우리 주도의 한반도 운전자론도 되살아난다. 그뿐만 아니라 한국과 미국이 공유하는 동맹의 가치를 국민에게 설명하고 설득할 필요가 있다. 한·미 동맹은 단순한 문제가 아니라 국가의 존망에 중대한 영향을 주는 안보 문제여서다. 따라서 한·미 동맹이 국민의 지지받지 못하면 안보정책이 실패할 가능성이 크다.

2. 한·미 공조형 핵균형 정책

우리 정부가 북한 핵문제를 더 이상 묵과하지 말고 핵정책 수립이 시급하다. 북한이 핵보유국 반열에 들어섰고, 핵무기를 공세적으로 사용할 가능성이 고조되는 시점에서 정부는 시급하게 핵정책을 짜야 한다. 이는 북한의 비핵화를 위한 정책이지만 핵이라는 민감한 이슈이기 때문에 반드시 국민적 지지를 얻을 수 있는 주도면밀한 정책을 펼쳐야 한다. 북핵 프로그램의 장기화가 예상되기 때문에 북한핵 관리가 중요하기 때문이다. 북한 비핵화는 최종의 목표이며 비핵 평화(非核平和)를 동시에 진행해야 한다.

따라서, 북핵 문제를 해결하기 위해서는 전략적 접근법이 필요하다. 더 이상 북핵 문제에 대한 공포와 한계를 넘어서는 사고의 전환이 필요하다. 이를 위해서 한·미 관계를 통해 핵을 핵으로 대응하는 방안도 모색해야 한다. 향후 미·중 경쟁이 심해지면, 미국이 북한을 신경 쓸 수 없다는 점이다. 2021년 5월 21일 한·미 정상회담에서 미국은 미사일 지침을 해제시켜 줬다. 이는 한국의 군사적 자율성을 확대시키고, 미국이 전술핵도 용인해 줄 수는 있는 계기가 마련된 셈이다. 따라서 북한 핵 위협에 대한 우리의 핵정책은 늦었지만 확실하게 준비해야 하며, 이를 두 갈래 길로 모색해 볼 수 있다.

우선 한국 주도의 핵균형 전략이다. 한국의 핵무기 제조 능력을 함양해 북한의 핵 위협이 가시화되는 상황에서 정부가 핵무장을 결단할 경우 최단기일 안에 핵무기를 제조할 수 있는 제반 시설과 능력을 사전에 갖춰 두는 핵균형전략 1단계다. 핵보유국으로 진입하겠다는 가능성을 열어둬 중국 등 주변국을 자극해 외교와 경제적 갈등이 고조될 수 있으나 북한 비핵화에 가장 큰 영향력을 발휘할 수 있는 중국을 움직일 수 있다.

한국 주도의 핵균형전략 2단계는 한국의 독자적 핵무장이다. 그러나 한국의 자위적 핵무장은 해결해야 할 난제들이 상당하다. 우선 한국은 핵확산 금지조약(NPT) 가입국으로 국제법을 위반해야 하며 동맹국인 미국이 좌시하지 않을 것이라는 우려가 있다. 따라서 한·미 동맹이 위협받고 해외 의존도가 높은 한국 경제가 파탄날 것이라는 주장이다. 또한, 한국의 핵무장이 일본과 대만 등의 동아시아 국가들을 자극해 핵 개발 도미노 현상을 초래할 것이라는 지적 등으로 한국의 독자적 핵무장은 수많은 난관을 극복해야 가능할 듯하다. 한국이 핵자산을 운용하기 위한 옵션은, ① 한국 내 미국의 전술핵 재배치, ② 전술핵의 한·미 공동 운용, ③ 미국의 전략자산 운용, ④ 한·미 공동의 탄도미사일 방위 시스템(Ballistic Missle Defense: BMD) 방식이 가능하다. 현실적으로 자위적 핵무장에 비해 실질적이면서 가능성이 높은 핵균형 정책은 '한·미 공조형'이라고 할 수 있다. 한국 내 전술핵무기의 한·미 간의 공동 운용 및 핵 벙커버스터 배치 그리고 한·미가 공동으로 미사일 방어 시스템을 구축하는 것이다. 미군의 전술핵이 들어오면 북한 비핵화 명분의 소멸, 중국과 러시아의 반발 및 국론 분열 등 많은 이유가 발생하겠지만 북한 핵무기가 가시화되는 안보 위기에서 극복 가능한 사안이라고 판단된다.

3. 극복해야 할 진영 논리

집단사고에 대한 주의다. 문재인 정부의 대북 정책은 진영 논리에 빠진 회전문 인사들이 맡고 있다. 듣고 싶은 얘기만 듣고 비판적인 의견을 배제하고 있다는 지적이 우리 정부의 현실이다. 그런 점에서 정부와 다소 생각이 다르더라도 객관적 사고를 가진 정책 전문가를 활용할 필요가 있다. '평화가 먼저'라는 생각보다 평화를 이루는 길을 생각해야 한다. 핵무력을 완성한 북한과 평화를 이루기는 어렵기 때문이다. 대한민국 국민이면 누구나 느끼는 일이지만, 선(先)평화는 잘못됐다. 북한이 비핵화를 먼저 해야 평화를 추구할 수 있다. 그게 평화의 기반이다. '선평화'와 '비핵 평화'의 용어 차이로 국민이 분열하도록 방치해선 안 된다. 더구나 이를 정치적으로 이용하는 것은 국민을 배신하는 행위나 다름없다.

　마지막으로 대북 정책이나 외교정책을 국내 정치와 분리할 수 없다는 것은 주지의 사실이다. 그러나 국내 정치적 목적으로 남북한 관계를 이용할 경우 근본적으로 국익을 해친다. 장기적으로 정치적 이익도 손해를 보게 된다. 남북 관계는 국민과 국가의 이익을 위해 국민적 지지를 얻는 발상의 전환이 필요하다. 남북 관계의 특수성에만 매달려 국익과 인류 보편적 가치를 간과해서는 안 된다. 이제는 남북 문제의 특수성에 매몰된 정치화와 구태의연한 민족주의 강조는 오히려 국가의 장래를 어둡게 만들기 때문이다. 북한도 민족주의에서 사회주의 국가를 부르짖고 있으며, 당규약 개정 등을 통해서도 변화된 북한의 입장을 인지할 수 있다. 이제는 남북 문제의 특수성을 넘어 보편적 어젠다를 발굴하고 국가전략 아래 지속 가능한 대북 정책을 수립해야 한다. 즉, 미래 지향적 국가전략 기반 위에서 국민의 미래와 행복을 추구하는 국익 중심의 정상화된 남북한 문제 접근 방식과 실리적 외교정책의 등의 청사진을 만들어야 할 시점이다.

북한 핵 프로그램 전개와 전략적 해결 방안 모색

홍석훈

Ⅰ. 북한 핵 개발의 배경과 현황

북한은 최근까지 여섯 차례에 걸친 핵실험을 실시했으며 2012년에는 핵보유국가임을 헌법상에 명시했다. 최근 2021년 스톡홀름국제평화문제연구소(SIPRI) 자료에 따르면, 북한은 핵탄두를 40~50개 보유한 것으로 추측하고 있고, 미 랜드연구소와 아산정책연구원(2020)은 북한이 67~116개의 핵을 보유하고 있으며, 2027년에는 154~242개의 핵을 보유할 것으로 전망하고 있다. 북한 핵시설과 관련해 미국 정보기관은 영변 이외에 북한이 '강선' 지역에서 또 다른 은닉 핵시설을 보유하고 있을 가능성이 있다고 평가했으며,[1] 미 국무부의 「2020 군비통제·비확산·군축 이행보고서」도 북한 내 미확인된

---

[1] "U.S. intelligence believes North Korea making more nuclear bomb fuel despite talks: NBC," Reuters (2018.06.30.).; Gareth Porter, "How the Media Wove a Narrative of North Korean Nuclear Deception," 38 North (2018.07.26.).

핵시설이 있을 가능성에 무게를 두고 있다.[2] 농축우라늄을 사용한 핵무기와 관련해 북한은 고농축 프로그램을 갖고 있기는 하나 핵무기급 농축 프로그램을 완성했는지 불투명한 상태다. 핵실험과 관련 2013년의 포괄적 핵실험 금지조약기구 등의 조사는 미결 상태로 남아 있다. 다만, 2020년 유엔 대북제재위원회 전문가보고서는 북한이 최근에도 고농축 우라늄 생산을 계속하고 있다고 평가했다.[3] 북한은 수령 체제의 정치적 특수성을 갖고 있으며, 정책 결정 과정에서 도덕적 책임성을 가지기 힘들다. 결국 북한의 핵 보유는 남북 간 군사적 비대칭 능력 확대뿐만 아니라 한반도 평화 위협과 안보 위기가 급상승한다는 것을 의미한다.

북핵 위기의 시작과 전개는 1980년 북한이 5MW 원자로의 설계에 착수해 1987년부터 가동을 시작하면서 태동했다. 이 원자로가 가동되기 전인 1985년에 북한은 핵확산 금지조약(NPT)에 가입했고 1952년 12월 조선과학원 산하에 원자력연구소가 창설 및 소련과 원자력 발전소 건설을 위한 경제 및 기술 협력 협정을 체결했다. 그러나 북한은 NPT에 가입한 지 6년이 지나도록 핵안전 조치 협정의 서명과 IAEA의 핵사찰을 회피해 오면서 핵무기를 개발한 것이다.

북한의 핵문제는 1차 북핵 위기 이후 국제화됐는데, 1990년 2월 일본 도카이대학(東海大學)의 정보기술센터가 북한이 비밀리에 건조 중인 원자력발전소, 핵연료시설 등 인조 구조물 등이 담긴 한 장의 인공위성 사진을 공개하면서 시작됐다. 이 사진은 프랑스의 상업용 인공위성 스포트 2호가 촬영한 것이었고, 북한 핵시설에 관해 언론에 공개된 최초의 사진이었다. 당시 북한은

---

[2] Department of State, 2020 Adherence to and Compliance with Arms Control, Nonproliferation, and Disarmament Agreements and Commitments (Compliance Report) (Washington D. C.: DoS, 2020).
[3] UN Security Council, Note by the President of the Security Council (28 August 2020).

5년 이내 핵무기를 보유할 것으로 예상됐다. 이후 1차 핵 위기를 통해 북한은 1993년 3월 NPT 탈퇴 선언과 동시에 핵을 이용한 벼랑 끝 외교를 통해 제네바합의(1994년)를 도출했다. 제네바 합의를 통해 북한은 미국으로부터 핵을 포기하는 대신 경제적 지원을 약속받는 등(1994년 제네바 합의) 북·미 간 직접 협상을 통한 관계 개선을 추구했다.

이 시기 북한 정권은 1994년 김일성의 사망으로 인해 북한식 유일정권은 붕괴 위기까지 예견됐으나, 1998년 9월 공식 출범한 김정일 정권은 국방위원회를 중심으로 비상국가 체제를 가동시켜 체제 위기를 모면하려 했다. 김일성 사후 김정일 정권은 체제 안정화를 '선군정치' 슬로건으로 국내 위기 상황을 극복하려 했고, 이와 더불어 국제적 고립 탈피 및 국제 사회의 경제 지원 확보를 외교적 주요 전략으로 설정해서 전방위 외교를 추진하기 시작하는 시점이었다.[4]

그러나, 1998년 북한의 대포동 미사일 실험은 북·미간 관계를 악화시키는 계기가 됐다. 북핵 위기는 2002년 10월 중순 켈리(James Kelly)-강석주 회담으로 북한의 우라늄 농축 핵 프로그램이 표면화된 이후 2003년 북한이 NPT를 탈퇴하면서 더욱 악화되기 시작됐다. 북한의 주장에 따르면, 미국이 약속한 경수로 제공 지연과 경제 제재 조치로 고농축 우라늄을 개발하면서 시작됐다. 이는 모든 수단의 핵 개발을 금지하는 남북한 비핵화 선언, 핵확산 금지조약 및 제네바 합의문에서 결의한 핵 개발 포기의 대가로 경수로를 공급한다는 조건에 대한 명백한 위반이라고 볼 수 있다.

이후 북한의 핵개발을 방지하기 위한 방안으로 미국과 북한의 양자회담 대신 중국이 주도하는 6자 회담이 추진되었는데, 이는 2003년 4월 베이징

---

4 Andrew Heywood 지음, 김계동 옮김(2013). 『국제관계와 세계정치』(서울: 명인문화사). p.99.

(北京)에서 열린 미국, 중국, 북한 간의 3자 회담이 기초가 돼 성립됐다. 6자 회담의 성과로 9·19 공동성명과 2·13 합의를 이끌었지만, 6자 회담 기간에 북한은 2006년 10월 9일에 1차 핵실험을 강행했고, 2009년 5월 25일에 2차 핵실험을 강행해 북한 3차 핵위기를 몰고 왔다. 북핵 1차 위기 시기에는 핵 동결을 전제로 한 보상에 대한 합의와 관계 정상화라면 2차 핵위기 시기에는 핵 폐기를 전제로 한 조건부적 보상 협상이었다.

한국과 국제 사회는 북한의 평화적 핵문제 해결을 위한 온갖 노력에도 불구하고 북한의 의지를 꺾는데 실패하였다. 결국, 북한은 2012년 사회주의헌법의 수정 보충을 통해 「김일성-김정일 헌법」을 만들고 전문에 김정일의 업적에 '핵 보유국'을 명문화했다. 2013년 2월 3차 핵실험을 감행했고 북한은 "핵 보유국 지위의 영구화"와 "정전협정 백지화"를 선언했다. 이후 2013년 3월 30일 조선로동당 중앙위원회를 통해 "경제 건설과 핵무력 건설의 병진노선"을 공표했다.

또한, 북한은 2016년 9월 3일 6차 핵실험을 감행했고 수소탄 시험의 성공임을 공표했다. 이 시기 북한 김정은 위원장은 미국 트럼프 대통령과 말폭탄을 주고받으며 군사적 긴장감을 끌어올렸으며, 급기야는 2017년 11월 대륙간탄도미사일(ICBM) 화성-15형 시험 발사 이후 '핵무력 완성'을 선포했다. 핵 문제 관련 강경적 입장을 고수하던 북한은 2018년 들어 평창올림픽 참석을 계기로 남북대화를 추진하는 등 유화적 태도로 선회했다. 지난 2018년 4·27 남북 정상회담 이후 북한은 6월 12일 싱가포르에서 첫 북·미 정상회담을 갖고 양국 정상은 6·12 공동성명에 조인하면서 북한 비핵화 의제는 급진전될 것으로 기대했다. 그러나 2019년 2차 하노이 북·미 정상회담의 결렬로 북핵 문제는 난항을 겪고 있다. 또한, 북한은 남한과도 대화 단절 및 강경일

변도 대남 정책을 유지하고 있어 한반도 비핵화와 평화 체제 논의는 남북의 합의만으로 해결될 수 없다는 것을 보여주고 있다.

트럼프 전대통령은 북한이 영변 핵시설의 완전한 폐기와 미국이 희망하는 플러스 알파 조치 및 비핵화 로드맵 이행에 동의를 전제로 북한과 비핵화 협상을 진행했다. 이는 북한의 적극적 비핵화 이행과 완전한 핵 신고를 통해 'FFVD(Final Fully Verified Denuclearization)' 최종 비핵화를 완성하고 북한 체제 보장을 담보하는 방식으로 추진됐다. 미국은 북한이 핵 신고와 불가역적 비핵화 조치를 선조치해야만 한다는 조건이었지만, 북한은 '선 대북 제재 해제, 후 비핵화'를 주장하며 핵 신고와 불가역적 핵시설 폐기에 반대해 왔다. 북한은 한반도 비핵화를 표방하고 북한의 비핵화와 체제 보장 과정 속에서 '행동 대 행동(action to acton)'을 주장하고 있다. 즉, 미국은 북한이 요구하는 대북 제재의 해제 및 북한 체제 안전보장책을 북한의 비핵화 행동이 가시화돼야만 가능하다는 점이다.

바이든 행정부의 북·미 간 협상 방식은 트럼프 행정부와 달리 하의상달(bottom-up)' 방식의 실무 협의를 중시하고 민주주의 가치를 확산과 대북 관여정책을 추진하겠다는 입장이다. 2021년 5월 21일 한·미 정상회담에서도 바이든 대통령은 한반도 평화를 위해 한국과 긴밀한 협력을 강조하고 민주주의 가치 동맹을 확인하고 있다. 즉, 바이든이 이끄는 미국 행정부는 북한 핵 협상과 관련해 단계적·실용적 입장을 재확인하고 있다.

반면, 북한은 2021년 8차 당대회를 열고 '국방력 강화'를 주문하고 있다. 당 규약에 '공화국 무력'의 지속적 강화를 명문화함으로써 국정 운영의 중심임을 천명하고 핵무력 고도화를 중심으로 대외 강압정책을 강조했다. 이러한 핵기술 고도화, 핵잠수함, 군사정찰위성, 극초음속 활공비행전투부 개발 도입 등, '국방력 강화' 비전 제시는 강대강의 대미 공세적 정책 입장을 표출하는 것이다. 즉, 북한은 대북 적대시 정책 철회 시까지 핵무력 증강의 강수를 내세웠다.

북한의 핵 개발을 저지하기 위한 국제 사회의 대북 제재는 2006년 10월 9일 1차 핵실험을 감행함에 따라 유엔 안전보장이사회(이하 안보리)가 안보리 결의 제1718호를 채택하면서 본격적으로 시작됐다 제1718호 채택 이후 제1874호(2009, 북한 2차 핵실험), 제2087호(2013, 북한 은하 3호), 제2094호(2013, 북한 3차 핵실험), 제2270호(2016, 북한 4차 핵실험), 제2321호(2016, 북한의 5차 핵실험), 제2356호(2017, 북한 탄도미사일), 제2371호(2017, 북한 탄도미사일), 제2375호(2017, 북한 6차 핵실험), 제2397호(북한 탄도미사일) 등 10개의 유엔안보리 제재 결의안이 채택됐다. 또한, 미국의 독자적 대북 제제는 2016년 2월 18일 발효된 「대북제재강화법(North Korea Sanctions and Policy Enhancement Act of 2016)」에서 좀 더 강력하게 규정하고 있는데, 대북 재화·기술·서비스의 제공 및 금융 거래를 전면 금지하고, 행정부에 '세컨더리 보이콧'을 적용할 수 있는 재량권을 부여하고 있다.

II. 북한 핵협상 패턴과 특징

북한 핵협상 패턴은 핵실험과 핵위기는 한국과 미국 정부의 정권 교체기에 이뤄졌다. 우선 네 차례의 핵위기는 항상 한국과 미국에서 새 정부가 들어서는 시기 전후해서 발생했다. 제1차 핵위기는 클린턴 행정부와 김영삼 정부 출범 직후에, 제2차 핵위기는 노무현 정부 출범 직전에, 그리고 제3차 핵위기는 오바마 행정부 출범 직후에, 3차 핵실험은 박근혜 정부 출범 직전에 감행했으며, 정권 교체기에 대응력 저하 시기를 이용해서 위기와 충격을 극대화했다. 특히, 2009년 5월 북한의 제2차 핵실험 당시 국무부 비확산담당 차관, 동아태차관보, 한국담당 부차관보, 국방부 아태차관보 등이 공석 상태였다. 또한, 북한의 5차, 6차 핵 실험도 트럼프 행정부 출범 초기와 문재인 정부 출범 초기에 감행하여 북한의 핵 완성과 핵 위협을 고조시키면서 북·미와 남북 대화에서 우위를 선점하려는 의도를 보였다.

북한의 핵협상의 특징으로 벼랑 끝 전술(brinkmanship)을 들 수 있다. 북한은 벼랑 끝 전술 차원에서 핵확산 금지조약(NPT) 탈퇴, 핵 동결 파기, 국제원자력기구(IAEA) 사찰관 추방, 연료봉 재처리, 미사일 발사, 핵실험 등 극단적 상황 악화 조치들을 단기간에 집중 투입함으로써, 상대방에게 혼란 극대화 및 파국의 공포를 확산하는 것이다(위협-도발-위기-타결-지연-합의 폐기-도발). 이러한 벼랑 끝 전술을 통해 지연전술과 합의 후 큰 보상을 요구했다. 핵동결의 대가로 상당한 경제적 대가를 지불하는 합의를 하고, 그 대가를 지불하는 동안은 합의가 원만히 이행되다가, 정작 북한이 검증이나 핵 폐기를 이행해야 할 시점이 오면 위기는 시한폭탄과도 같이 어김없이 재발하는 패턴을 보였다. 그러면 기존의 합의는 폐기되고, 새로운 합의를 통해 다시 대가를 지불해야 하는 것이다.

실례로 1994년의 제네바 합의를 이행하는 과정에서 한·미·일 3국은 북한이 단순히 영변 핵시설의 동결을 유지하고 있는 8년 동안 400만 톤의 중유(5.2억 달러)를 제공했고, 경수로 건설을 위해 15억 달러를 지출했으며, 미국은 수차례에 걸쳐 대북한 제재 조치를 취해 금융·무역 분야의 제재를 대부분 해제했다. 2002년 말 제네바 합의가 붕괴됐을 때, 북한이 상실한 것은 아무것도 없었으며 동결했던 핵시설은 재가동됐다. 수조에 보관했던 연료봉은

165

재처리돼 핵무기 3~4개 분량인 약 25kg의 플루토늄을 생산하고 있으며, 오랜 동결 기간 동안 영변 핵시설들이 꽤 노후화됐다는 것이 유일한 문제였으나, 이들은 2007년 2.13/10.3 합의를 통해 다시 비싼 값으로 재활용 했다. 2.13/10.3 합의를 이행하는 과정에서도, 북한이 핵 동결과 눈가림식 불능화 조치를 이행하는 동안 한·미·일·중·러 5개국은 중유 약 80만 톤 상당의 에너지와 물자를 제공했고, 미국은 대적성국교역법상 제재 조치 적용 면제와 테러지원국 제재 조치 해제를 이행했다. 그러나 2008년 북한은 테러지원국 제재 해제가 발효되기 무섭게 검증 조치 거부를 선언했고, 모든 6자 회담 합의사항의 파기와 핵시설 원상복구를 선언했으며, 곧이어 장거리미사일 발사와 제2차 핵실험을 실시했으며, 또한 연료봉 재처리를 추가로 실시해 농축 플루토늄 보유고를 6~7kg 늘려 나갔다.

　북한은 핵문제에 대한 유화적 양면전술을 구사하고 있다. 대북제재에 대한 고립을 벗어나기 위해 북한은 비핵화 협상을 활용했다. 2017년 핵무력 완성 선언 이후 북한은 2018년 평창동계올림픽 참가를 계기로 개선된 남북 관계를 통해 2018년 6월 싱가포르에서 첫 북·미 정상회담을 가졌다. 여기서도 북·미 양국 정상은 6·12 북·미 공동성명에 합의했지만, 북한 비핵화 문제의 평화적 해결을 위한 선언적 의미를 크게 넘어서지는 못했다. 다음해인 2019년 2월 하노이 2차 북·미 정상회담에서 양국은 구체적 이행 합의를 도출하지 못했고, 북한은 이후 '선 대북 제재 해제, 후 비핵화 이행'과 '선대선, 강대강' 원칙을 내세우며 양국의 협상 결렬 이유로 미국의 대북 적대시 정책을 강하게 비판하고 있다. 결론적으로 북한은 2021년 8차 당대회를 통해 국방력 강화와 자력갱생을 공표하고 핵 프로그램 고도화를 추진할 것을 선언하고 있으며, 비핵화 이행을 거부하고 있다.

III. 북핵 폐기를 위한 전략적 접근법

전술한 바와 같이 북핵 폐기를 위해서는 우리 정부와 국제 사회의 노력은 필수적이다. 북핵 폐기를 놓고 핵 폐기 접근 방법의 주요 쟁점은 핵 폐기 범위의 문제, 핵 폐기 순위의 문제, 핵 폐기 방법의 문제, 핵 투발 수단과 전략무기 개발 등의 복잡한 문제를 포함한다. 결국, 북한의 완전한 비핵화가 최종 목표이며, 그 단계는 여러 가지 구성 요소를 포함하고 있다. '핵'에는 영변 핵시설, 핵물질, HEU 프로그램, 핵 투발 수단을 포함하는 핵무기 4개 요소가 포함된다. 폐기 과정의 구성 요소는 폐기 대상별로 일부 다르기는 할 것이나 대체로 핵심 부분의 파괴, 해체 또는 국외 반출, 비핵심 부분의 완전 해체 등 두 개의 요소로 구성되고, 핵 폐기 접근 방법의 주요 쟁점은 핵 폐기 범위의 문제, 핵 폐기 순위의 문제, 핵 폐기 방법의 문제 등 세 가지로 정리할 수 있다.

먼저, 핵 폐기에 대한 범위도 쟁점이 되는데 영변 핵시설 해체, HEU 프로그램 해체, 핵물질의 폐기, 핵무기의 폐기인지가 문제시 된다. 다음으로 핵 폐기 순위의 문제로 선(先) 핵 폐기 인지, 후(後) 핵 폐기인지도 주요 쟁점이 된다. 미국의 선(先) 핵 폐기 주장과 북한의 후(後) 핵 폐기 주장이 극명하게 대립하고 있다. 북한의 이러한 선행 조건 주장은 핵 폐기에 앞서 최대한의 전리품을 확보하려는 협상전략이라기보다는, 미국이 수용하기 어려운 난제들을 선결 요건으로 제기함으로써 핵 폐기 개시 시점을 장기간 지연시키거나 협상 타결을 자신들에게 유리한 방향으로 만들려는 의도로 파악된다. 북한은 한반도 평화 체제 문제와 같은 난제를 핵 협상과 결부시키고 있는 것이다. 핵 폐기 방법 문제에서도 첫째, 핵물질과 핵무기를 핵시설 해체와 동시에 폐기할 것인가, 아니면 추후 별도 협상을 통해 논의할 것인가 하는 문제와 둘째, 보유 중인 핵물질과 핵무기에 장착된 핵물질의 처리가 문제시되고 있다. 결론적으로 북한의 핵 문제가 합리적으로 해결되기 위해서는 남북 관계 진전만으로는 한계가 있으며, 미국과 유엔 등 국제 사회의 협력이 중요하다고 할 수 있다.

북한 핵을 포기시킬 수 있는 방안으로 문재인 정부는 미·북 간 비핵화 협상을 통해서 한반도 비핵화를 추진했고, 한반도 분단 관리에만 집중해 왔다. 하지만 더 이상 북핵 문제를 남북 문제와 분리하거나 미·북과의 비핵화 협상 및 우리 정부의 일방적 대북 대화 추진에만 매달릴 수만은 없다. 이제는 전략적으로 한국 주도의 북핵 문제 해결 방안을 추진해야 한다. 한국 주도의 북한 비핵화를 최종 달성하기 위해서는 군사력 증강을 통한 안보정책 추진이 필수적이다. 즉, 당근과 강력한 채찍이 필요하고 안보-평화 프로세스가 동시에 추진돼야 한다. 국가전략(Grand Strategy) 수립 하에 북한 핵을 대응할 수 있는 핵균형 정책이 거론될 때 북핵의 중국 역할론도 작동될 수 있다. 북핵에 대한 효과적 제재(sanction) 전략을 개발하고 당근과 강력한 채찍이 필요하다. 동시에 남북 합의 제도화와 이에 대한 면밀한 합의 이행을 진행시켜야 할 것이다.

외교안보정책 수행 체계: 전문성·자율성 강화로 리더십 리스크 최소화

박홍도

I. '유능한 선장'이 보이지 않는 외교안보정책

1. 국가안보의 공감대 형성 노력 없이 현안 방치로 상황 악화를 초래

외교안보정책은 국가의 생존과 직결되기 때문에 그 대상은 모든 국민이 된다. 이는 곧 외교안보정책이 가지는 중요성을 의미함과 동시에 정책 수립 및 집행에서 국민적 공감대가 요구되는 이유다. 그러나 현 정부는 외교안보정책에 대해 소통 부재라는 지적이 많다. 의례적인 청와대 브리핑과 미디어의 보도를 제외하면 민감한 외교안보 사안에서 국민적 공감대를 형성하려는 노력은 보이지 않는다.

성주의 고고도미사일 방어 체계(사드) 기지가 주한미군에 공여된 2017년 4월 이래 이 기지 주변에서는 국방부와 경찰, 사드 배치 반대단체·주민 간 갈등이 계속되고 있다. 사드기지 문제는 안보에 대한 국민적 공감대와 확고한 중장기 전략이 없는 채 졸속으로 결정돼 정치 쟁점화하면서, 국가안보의 절대적 가치가 훼손되는 결과를 초래하고 있다. 결국 이 문제는 국가안보에 대한 국민적 공감대 위에 안보전략의 우선순위에 따라 국내 및 관계국과 설득 내지 협상을 통해 해결해 나가야 한다. 대통령이 전면에 나서서 논의 구조를 만들고, 국민과 함께 고민하는 과정도 안보 문제의 중대성을 국민에게 인식시키고 모두가 책임지는 분위기를 만드는 방법이 될 수 있다. 그러나 이 문제에서 현 대통령의 모습은 야당 지도자 시절, 사드 배치에 대한 맹렬한 비판을 제외하고는 보이지 않는다. 사실상 국방부에 떠맡기고 방치하고 있다는 지적이 나오는 이유다.

또한 현 정부가 의욕를 가지고 시작했던 대북 정책은 출범 당시보다 못한 상황이 됐고, 미·일을 비롯한 주변국 정책도 오락가락하는 모습을 보이고 있다. 이러한 상황인데도 정치적으로 민감하다고 여겨지는 안보 사안에 대해서는 사회적인 논의조차도 제대로 이뤄지지 않고 있다. 정책과 직간접으로 연관된 관료나 정치인들이 정치적 이해를 고려하며 몸을 사리고 있다는 느낌이 들 정도다. 이러한 상황 속에서 외교안보 사안의 해결이 지연되면서 갈등 현안으로 악화되기만 하고 있다. 외교안보정책에 대한 국민적 공감대가 무너지고 지도자가 이를 방치하면서 비정상적인 상황이 일상화되고 있는 양상이다.

2. 대통령 중심제가 안보의 리스크로?

우리는 대통령을 안보 전문가로 자연스럽게 여기고 있는 것 같다. 군(軍) 출신의 대통령들이 30여 년간 집권해 오면서 이 같은 인식이 자연스럽게 형성된 측면도 있다. 김영삼 대통령 이후 현 대통령까지 여섯 명의 대통령을 볼 때 국회의 관련 상임위원회를 포함해 대통령 취임 전에 외교안보 관련 공직 경력을 가진 분은 없다. 냉전 체제라는 국제환경 속에서 민주화가 최대 과제였던 지도자들에게 공직 경력이 외교안보 능력을 증명하는 조건은 아니었고, 오히려 오랜 동안 국가의 지도자로서 주요한 외교안보 현안에 대한 식견과 능력을 갖출 수 있는 시간과 기회가 있었던 것으로 보인다. 반면 21세기 국제환경은 과거 냉전 체제와는 다른 복잡성과 불확실성을 가지고 있어 과거보다 외교안보 역량이 더 크게 요구되나, 최근 등장한 지도자들은 외교안보 관련 공직 경험뿐만 아니라 역량을 갖출 기회나 시간도 충분했던 것 같지는 않다.

문 대통령은 당선 결정일(2017.5.10.)에 이낙연 국무총리 후보자와 서훈 국정원장 후보자를 지명하고 임종석 대통령 비서실장을 임명했다. 4일 뒤인 5월 14일, 문 대통령은 북한의 미사일 발사 보고를 받고 국가안전보장회의(NSC) 상임위를 소집했지만, 국가안보실장을 비롯한 상임위원들은 모두 탄핵당한 박근혜 정부의 인사들이었다. 사실 2017년 들어서만 대선 전까지 여섯 차례나 미사일을 발사하는 등 북한의 미사일 도발이 계속되는 엄중한 안보 상황과 정상적인 정권 교체가 아니라는 긴급성 등을 감안했다면, 안보 리스크에 대한 대비책, 예를 들어 국회 청문회가 요구되지 않는 국가안보실장을 바로 임명해 청와대 중심의 대응 체계를 갖추는 것이 국가안보를 책임지는 지도자의 자세였을 것이다.

우리 헌법 제66조 제2항은 대통령은 다른 일보다 먼저 국가안보를 챙겨야 함을 명시하고 있다. 그러나 국제 정세와 국가안보에 대한 이해가 깊지 않은 대통령 1인에게 국가안보의 모든 것을 맡기고 최선의 선택과 리더십 발휘를 기대하는 것 자체가 이제는 하나의 리스크로 되고 있다. 이는 다른 나라도 예외는 아니다. 현 대통령은 "예전에는 외교가 국정에서 차지하는 비중이 이렇게 클지 몰랐다"고 토로한 바 있다(2018.2.7.). 대통령의 외교안보 역량에 대한 점검과 함께 대통령 리스크를 최소화할 수 있는 새로운 국가안보 체제를 고민해야 한다.

3. 이중 잣대, 편의적 가치 기준 적용으로 국가의 신뢰 하락

국내적으로 국가안보 사안이나 대외정책의 결정에 정치적 성향이나 이해가 주요 변수로 영향을 미치게 되면서, 대외정책에서 단기간 내 성과를 거두거나 지지층에 어필할 수 있는 정책들이 우선순위를 차지하는 반면, 국민적 관심이 낮거나 중장기적이고 지속적 투자가 필요한 사안은 우선순위에서 배제되는 현상이 발생하고 있다. 더불어 민감한 외교안보 사안의 경우 국내 정치적 이해와 결부돼 국가안보의 안정성을 약화시키는 상황을 초래하고 있다.

외교안보 사안의 국내 정치화가 야기하는 또 다른 문제점은 정책의 일관성 결여나 이중 잣대 내지 가치의 편의적 적용이다. 예를 들어, 원전(原電)의 경우 안전성 문제로 국내에서는 축소/폐기를 진행하면서 해외 수출을 추진하는 것은 전형적 이중 잣대라고 할 수 있다. 수출하려는 원전이 우리 기술로 개발한 것이라면 국내 건설 및 시험 가동을 통해 안전성과 신뢰성을 확보한

후 수출하는 것이 당연한 절차이며 정당성을 확보하는 방법일 것이다.

또 다른 사례로서, 인권 문제의 경우 위안부 문제와 북한·중국 내 인권 문제, 미얀마 문제 등에서 동일한 가치로 접근하고 있다고 보기는 어렵다. 특히 북한 인권 문제에 대한 UN 결의 불참과 중국 내 소수민족인 신장 위구르족의 인권 상황에 대한 국제적 연대에 대한 입장 표명이 없는 점 등은 인권 문제에 대한 편의적 가치 적용을 여실히 보여준다.

또한 국내 정치적 가치나 국민 감정을 우선해 국제적 합의를 파기하거나, 국제법과 충돌하는 결정을 했다가 번복함으로써 국제적 신뢰를 스스로 저하시키는 사례도 있다. 현 정부 인사들의 대북 제재나 한·미 동맹 관련 발언들은 '그때그때 다르다'는 지적을 받고 있고, 위안부 합의, 한·일 군사정보보호협정(GSOMIA) 문제 등에서 보인 현 정부의 행태는 어지럽기 그지없다.

II. 과도한 정치화와 국민의 관심 저하로 활력을 잃어가는 외교안보 조직

1. 정부마다 바뀌는 청와대 외교안보 조직

국가안전보장회의(National Security Council: NSC)는 1963년에 창설된 헌법상(제87조) 대통령 자문기관이다. 미국의 국가안전보장회의를 본뜬 것이나, 미국이 대통령 지시에 대한 조언과 동의권을 부여하고 있는데 비해, 우리는 국무회의 심의에 앞서 대통령에게 자문하는 기관이다. '헌법상 기관'이라는 위상에 비해 기능과 권한은 초라하다고 하겠다.

NSC는 창설 이후 정권에 따라 조직과 기능이 계속 바뀌어 왔다. 전두환

정부는 사무국을 폐지한 반면, 김대중 정부는 정책기구로 상설화해 활성화시켰고, 이를 계승한 노무현 정부는 NSC 사무처를 별도 조직화하는 등 조직과 기능을 강화했으나, 법적 권한 논란으로 다시 청와대 내 조직(통일외교안보정책실)으로 개편했다. 이명박 정부는 NSC 상임위와 사무처를 폐지했고, 박근혜 정부는 국가안보실을 신설해 NSC 상임위와 사무처를 복원했으나 대통령비서실에 외교안보수석실을 존치시켰고, 문재인 정부는 비서실의 외교안보수석실을 국가안보실 체제로 통합했다. NSC 체제가 정치적 이해에 따라 정권마다 바뀐다면 국가안보정책의 안정성과 지속성을 유지하는 데는 큰 어려움이 있을 수밖에 없다.

NSC 운영 방식도 문제다. NSC 회의는 부처가 현안에 대해 대통령에게 의견을 직접 전달할 수 있는 공식 통로이며, 국가적 차원에서 안보 사안을 종합적이고 포괄적으로 논의할 수 있는 메커니즘이다. 그러나 현 대통령의 NSC 운영을 보면 첫해(7회)를 제외하고는 회의 주재 횟수가 극히 적다(2018년 2회, 2019년 3회, 2021.6 현재 1회).[1] 대통령이 NSC 회의를 주재하지 않고 NSC 상임위 회의를 주재하는 국가안보실장의 보고를 받게 된다면 외교안보 현안에 대한 공식적 논의의 메커니즘은 작동되기 어려울 것이다.

NSC 운영의 또 다른 문제점은 정권 교체기마다 행정사무 관련 일부 인원을 제외하고 대부분의 직원이 교체된다는 점이다. 특히 '대선 캠프' 참모들이 핵심 보직을 차지하는 등 강한 영향력을 행사하면서, 외교안보정책이 정치적 이해에 따라 좌우되거나 중장기 전략 개발보다는 정권에 영향을 미치는 현안 대응 중심으로 되면서, 실무부처의 역할은 약화될 가능성이 높다. 이는 외교안보 정책에 대한 '청와대 독주' 논란의 원인이 되기도 한다.

---

1 청와대, 2021.07. 'NCS 회의'로 검색(https://www1.president.go.kr/search).

2. 외교안보 부처는 무원칙한 인사와 조직 운영으로 경쟁력 상실

지난 몇 차례의 정권 교체 속에서 '승자독식'에 따른 정치적 '진영화'와 '회전문 인사' 현상이 지속되고 있다. 현 정부 출범 이후 금년 1월까지 교체된 장관 인사에서 진영·회전문 인사의 실태를 보면, 2018년 62.5%(8명 중 5명), 2019년 66.7%(9명 중 6명), 2020년 85.7%(7명 중 6명), 2021년 1월 100%(5명 중 5명)으로 비중이 계속 확대되고 있다. '대통령 공약을 실천할 수 있는 진영의 구축'이라는 명분에도 불구하고, 초당파적 인재 풀을 운용하기보다는 같은 진영 또는 정권에 대한 '충성도'를 기준으로 인사를 운영함으로써 국가정책, 특히 안보 담론의 양극화 및 정책결정 과정의 청와대 독점 현상이 심화되고 있다.

각 부처 운영에서도 지난 정부 적폐를 청산하는 작업은 적폐의 원인에 대한 심층적이고 근본적인 고민에 따른 결과물이기보다는 '보복성' 또는 '공신' 인사 조치에 그치고 있는 것 같다. 주요국 대사 등 '공직'이 대선 승리의 전리품처럼 인식되는 가운데, 진영·회전문 인사와 적폐 청산을 빌미로 한 정치적 인사 조치가 지속됨으로써, 인사의 기준에서 전문성과 경력의 중요성이 낮아질 가능성이 높다. 또한 청와대가 부처의 인사까지 장악하고 있는 인사 시스템하에서 부처의 '청와대 눈치 보기' '정치권 줄대기/줄서기', 복지부동, 책임회피의 부정적·소극적 분위기가 팽배하고 있다는 지적이 많다. 이 같은 과도한 정치화 현상은 '업무와 인사의 괴리' 등에 따른 내부 불만 누적, 힘들고 어려운 업무 기피 등으로 업무에 대한 관심과 열의를 떨어뜨려 외교안보 부처의 전문성과 경쟁력을 약화시키는 요인으로 작용할 것이다.

3. 외교안보정책에 대한 국민적 관심 저하와 사회적 담론 구조 소멸

최근 우리 국민들 사이에서 외교안보에 대한 관심은 그다지 높지 않아 보인다. 생존 문제를 당연시하는 풍조 속에서 코로나19 극복이 최우선 과제인 가운데 청와대나 정부의 안보 논의 독점, 자의적 정보 공개, 외교안보 위기 일상화 및 현안 해결 지연에 따른 피로감 등도 안보에 대한 관심 저하 요인이 되고 있다. 한편 안보불감증이 일상적인 현상으로 자리 잡아 가는 가운데서도, 특정한 사건이 발생했을 경우에는 극도의 안보불안감이 확산되는 이중적 현상[2]도 문제로 지적된다.

이런 상황 속에서 외교안보 분야의 제도화된 담론 구조인 민주평화통일자문회의는 오래전부터 정체성의 문제 등으로 영향력을 잃고 있고, 객관적 정보와 지식을 제공해야 할 언론은 정치적 성향에 따라 이념적 분열을 부추기는 경향마저 보이고 있다. 반면에 유튜버나 SNS 등을 통해 '거짓 정보' 또는 특정 주장에 편향된 정보가 확대 재생산되면서, 국가안보 담론의 이념적 양극화와 함께 외교안보 문제가 포퓰리즘에 좌우되는 현상도 빈발하고 있다.

또한 외교안보 싱크탱크, 특히 국책연구기관들의 활동 영역이나 사회적 영향력도 위축되고 있는 것으로 보인다. 싱크탱크의 중요한 기능 중 하나라고 할 수 있는 의제를 제기하는 힘(agenda power)은 사라지고 있는 반면 정부 정책에 대한 옹호자 역할에 대한 요구는 강화되고 있는 것으로 보인다.

한 국가의 외교안보정책 결정 과정에서는 정부·국회·언론과 싱크탱크 등이 주요 행위자로서 역할을 하게 된다. 이러한 행위자들의 참여하에 정책 담

---

2 김동성 외(2017), 『외교.안보 10대 전략과제와 접근 방향』(전략문제연구소), p.44.

론이 이뤄지고 이것이 정책 결정으로 연결되는 것이 정상적인 '외교안보정책의 생태계'라고 할 수 있다. 이 생태계가 건강하고 활기찰수록 정권 교체로 인한 리스크는 줄어들게 되며 국가안보는 강건하게 될 것이나, 현재의 외교안보 생태계는 여러 측면에서 중병으로 진행되고 있는 것으로 보인다.

III. 한국 외교의 정상화를 위한 체계 및 운영상의 우선 과제

1. NSC를 자문기구가 아닌 외교안보에 공동 책임을 지는 협의체로 격상 검토

청와대의 독주 논란과 정권 교체에 따른 안보 리스크를 최소화하기 위해서는 정책결정 과정에 대한 재검토가 필요하다. 안보 결정 체계의 역할과 기능은 종합적 기획/조정력, 정책의 일관성 및 안정적 추진, 권력 분산 및 부처 자율성 보장, 정책 편향성 방지를 기본으로 해야 한다.[3] 이런 점에서 볼 때 청와대 국가안보실은 핵심 사안에 대한 기획·조정과 감독 기능에 충실하고, 업무의 주도권은 해당 부처에 일임하는 것이 바람직하다. 즉, 정책과 전략의 방향성을 정하는 것은 청와대가, 실행 방안은 부처가 주도하는 형태로 임무를 분장하고, 업무 추진 절차도 '상의하달식(top-down)'이 아닌 '하의상달식(bottom-up)' 방식으로 업무를 추진해 부처 간 협의와 협업을 장려해야 한다.[4]

---

[3] 위의 책, p.151.
[4] 최강(2017). "새로운 한국 정부의 주요 외교안보 도전과 과제", 『issue BRIEF』, 2017-14(아산정책연구원), p.17

이를 위해 대통령 주재 NSC 회의를 월 또는 격월로 정례화함으로써 장관들의 의견 개진 기회를 확대해야 한다. 이는 NSC 상임위 및 실무조정회의를 내실화하는 효과도 가져온다. 더불어 현재의 정경 불가분의 국제 정세 흐름을 반영, 경제부처 장관을 정식 위원으로 포함시켜 국가 차원의 포괄적 논의가 이뤄지도록 해야 한다. 또한 NSC를 대통령 자문기관에서, 정책동의권을 가진 협의체로 격상하는 등 대통령 리스크를 줄이기 위한 제도적 장치도 검토해야 한다. 이와 함께 NSC 구성원의 잦은 교체를 지양하고, NSC 구성원에 대한 경력경로(Career Path) 제도 도입을 통한 전문성 확보 등의 조치도 병행해야 할 것이다.

2. 중장기 정책 입안을 위한 '장기 정보 예측기구' 운영

단기 성과 위주의 국정 운영이 중심이 되는 5년 단임의 대통령제하에서 중장기 정책은 관심에서 벗어나기 쉽다. 외교안보 부처의 중요한 업무, 예를 들어 외교 기반 확충, 정보력 강화, 군사력 확충 등은 대부분 중장기 계획과 투자를 통해 이뤄진다. 또한 단기 과제를 중심으로 외교안보 부처가 운영될 경우 중장기 전망에 기반한 국가전략 부재 내지는 유명무실화하는 현상이 발생하면서 결국은 '조령모개'나 '자기(정책) 부정'의 혼란이 초래될 위험성도 커진다.

따라서 미국식의 중장기 예측을 임무로 하는 '장기 정보 예측기구'를 설치하고,[5] 대통령 선거 1년 전에 범정부 차원의 '태스크포스(task force)'를 설치·운영토록 제도화하는 것도 검토해야 한다. 이와 함께 중장기 정책담당 부서의 직급을 상향 조정하고 인력 보강 및 근무기간 연장 법제화 등을 통해 전

---

5 황성돈, 신도철 외(2016), 『종합국력 : 국가전략기획을 위한 기초자료』(서울: 다산출판사), p.134 참조.

문성을 강화해야 한다.

3. 외교안보 부처의 전문성 강화를 위한 개방형·전문가형 인사 시스템 도입

외교안보는 국가의 생존과 국민의 생명을 책임지는 일이기 때문에 정권 교체와 관계없이 업무의 자율성·안정성을 보장하고 전문성을 강화하는 방향으로 제도화하는 것이 무엇보다 중요한 원칙이 된다. 특히 국제 정세가 국가 운명을 좌우할 수 있는 중차대한 현 시점에서, 안보환경에 적절히 대처하고 성공적으로 관리하는 것은 무엇보다 중대한 과제라고 할 수 있다. 이를 위해서는 우선적으로 '근대화 시대'에 구축된 '아날로그적'인 정부의 역할·구조·운영 방식을 전면적으로 재편할 필요가 있다.

첫째, 장차관 등을 포함한 고위직 인사의 전문성 확보를 위해 개방형·전문가형 인사 시스템 도입을 검토해야 한다. 구체적으로는 업무가 연관된 부처 및 싱크탱크, 학계 및 기업 인사들도 대상에 포함시키고 핵심 요직과 업무 성과가 정교하게 연결되도록 설계한 개방형 경력경로 제도도 검토 가능할 것이다.

둘째, '과거(科擧)제도'와 유사한 인력 충원 방식도 개편해야 한다. 현재와 같은 과거 지식에 기반한 '기출문제식' 선발 방식은 지식과 기술변화 속도가 가속화되고 있는 지금의 상황에는 적합하지 않다. 필요한 업무를 정확히 설계하고, 그에 따라 해당 업무를 가장 잘 수행할 수 있는 인재를 유연하게 선발할 수 있는 충원제도를 검토해야 한다. 또한 직무의 개방 폭을 확대하고, 유연한 인력구조와 운영 방식을 통해 경쟁 구조를 도입하는 것도 필요하다.

4. 외교부 예산의 대폭 증액 등 외교안보 분야 투자 확대

한반도의 안보 상황과 한국의 국제적 위상 제고에 따라 외교안보 분야에서 재정적·인적 수요가 증가해 왔다. 반면 국내적으로는 복지가 강조되고 우선시되며, 국민적 관심마저 저하됨에 따라 외교안보 분야에서 필요한 수준의 예산과 인력 확보가 어려워지고 있는 것이 현실이다.

전봉근의 연구에 의하면 지난 20년간 교역액 6배, 해외 여행객 수 6.8배, 정상 외교 2.2배, 대외 개발 지원은 22배 증가했지만, 외교부 인원은 0.2배 증가에 불과하다. 또한 외교부의 정부예산 대비 비율(0.81%), GDP 대비 비율(0.14%)로 여타 경쟁국에 비해 낮은 수준이다.[6] 그는 따라서 외교 역량 강화를 위해서는 외교부 예산을 정부예산의 1%로 증대하고 인력 증원도 필요하다고 제시하고 있다.[7]

또한 주요 외교력 요소의 하나인 싱크탱크 및 전문가의 부족 문제도 해소해야 한다. 외교안보 분야에서 연구소의 전임 연구개발 인력은 100여 명을 넘지 않으며, 이들도 대부분이 국책연구소에 소속돼 있고 순수 민간연구소의 인력은 극소수에 불과한 실정이다. 디지털외교 및 공공외교의 중요성이 커지고 국가 간의 정책·전략 경쟁이 치열해지고 있는 상황에서 싱크탱크의 역할에 대한 인식의 획기적 전환이 필요하다.

---

[6] 전봉근(2015), 『21세기 한국 국제안보 연구: 개념과 실제』(국립외교원 외교안보연구소), pp.99-102 참조.
[7] 위의 책 pp.99-102 참조. 그러나 외교부 예산의 정부예산 대비 비율은 줄어들고 있다. 2019년 약 0.5%, 2020년 약 0.51%에 이어 2021년에도 정부예산 556조 원 중 외교부 예산은 기금을 포함해 총 2조 8,400여억 원으로 정부예산의 0.51% 규모에 그치고 있다(외교부, '2021년도 예산 개요(III-2)').

5. 초당적인 국가안보정책 논의 구조 창설

국가안보 체계 및 시스템의 전반에 대한 개혁을 검토해야 한다. 박정희 산업화 시대의 정부 구조와 운영 방식으로는 지금 우리가 직면하고 있는 혼돈의 시대를 이겨내기 어렵기 때문이다. 이를 위한 첫 번째 단계가 정파를 초월한 국가안보정책 논의 구조를 만드는 것이다.

국가안보 문제는 특정 코드나 정파가 아니라 국익을 중심으로 공개적으로 토론할 수 있어야 정책의 마비를 막을 수 있다.[8] 그러나 보수와 진보 양 집단의 이념 갈등이 상호 배제와 투쟁적 양상을 보이고 있어 이념과 세대를 초월한 건전하고 생산적인 정책 논의 구조 형성은 쉽지 않은 것이 현실이다. 기자, 학자, 전문가, 주요 블로그 등 합리성과 설득력을 지닌 주요 담론 생산자가 이념 대립을 초월해 참여하는 초당적 정책 담론 공동체 설치를 적극 검토할 필요가 있다.

---

8 한승주, "文정부 외교, 사람도 절차도 정책도 없고 '코드'만 있다", 문화일보, 2021.02.24.

저자소개

저자 소개

진창수
동경대학교 대학원 정치학 박사
現) 세종연구소 수석연구위원, 일본연구센터 센터장
前) 세종연구소 소장

조윤영
미국 아메리칸대학교 국제관계대학원(AU, SIS) 국제정치학 박사
現) 중앙대학교 정치국제학과 교수
前) 스웨덴 국제평화연구소(SIPRI) 방문학자, 외교부/통일부 정책자문위원

강준영
대만 국립정치대학교 동아연구소 박사(중국 정치경제학 전공)
現) 한국외국어대학교 교수, 국제지역연구센터장, HK+ 국가전략사업단장
前) 한국 외교부 정책자문위원, 한중사회과학학회 회장

공유식
대만 국립정치대학교 동아연구소 박사
現) 한국외국어대학교 국제지역연구센터 책임연구원
前) 한국외국어대학교 대만연구센터 책임연구원, 평택대학교 연구교수

김민석
고려대학교 대학원 경영학 박사
現) 중앙일보 논설위원
前) 국방부 대변인, 한국국방연구원(KIDA) 선임연구원

박원곤

서울대학교 외교학과 박사
現) 이화여자대학교 북한학과 부교수
前) 한동대 국제지역학 부교수, 한국국방연구원(KIDA) 연구위원

박홍도

경남대학교 대학원 정치학 박사
現) 한국외대 국제지역연구센터 초빙연구원, 세종연구소 객원연구위원
前) 청와대 안보정책실 행정관

이상준

러시아 IMEMO 경제학 박사
現) 국민대학교 유라시아학과 교수
前) 한국 슬라브·유라시아 학회장

차두현

연세대학교 정치학 박사
現) 아산정책연구원 수석연구위원
前) 청와대 위기정보상황팀장 한국국방연구원(KIDA) 군비통제실장

홍석훈

미국 조지아대학교(University of Georgia) 정치학 박사
現) 창원대학교 국제관계학과 부교수
前) 통일연구원 연구위원, 기획조정실장

미·중 경쟁시대와 한국의 대응
국격있는 외교안보전략